Margit Maximilian

SCHRECKLICH SCHÖNES

# AFRIKA

Margit Maximilian

# SCHRECKLICH SCHÖNES AFRIKA

Reportagen aus einem widersprüchlichen Kontinent

K&S

Bildquellennachweis
S. 8: © Marco Birn – Fotolia.com, S. IV, V unten, VII: Peter Klein,
S. VI: ÖRK/Andrea Winter, alle übrigen privat.

www.kremayr-scheriau.at

ISBN 978-3-218-00827-3

Schutzumschlaggestaltung: Kurt Hamtil
Fotos auf dem Schutzumschlag: oben iStockphoto.com/Anton Ferreira;
links iStockphoto.com/Peter Viisimaa; Mitte iStockphoto.com/Henrique NDR Martins;
rechts Jean Louis Cholet/Action Press/PictureDesk.com
Typografische Gestaltung: Kurt Hamtil
Lektorat: Doris Schwarzer
Druck und Bindung: Druckerei Theiss GmbH, St. Stefan i. Lavanttal

# Inhalt

*Die Fremde ist der Ort, an den ich hingehöre.*

Anna Kim

*Humanity was born in Africa.*
*All people, ultimately, are African.*

Inschrift im Apartheid-Museum – Südafrika

Tunesien
Marokko
Westsahara
Algerien
Libyen
Ägypten
Mauretanien
Mali
Niger
Tschad
Nordsudan
Eritrea
Senegal
Gambia
Guinea-Bissau
Guinea
Burkina Faso
Benin
Nigeria
Djibouti
Sierra Leone
Elfenbein-
küste
Togo
Ghana
Liberia
Äthiopien
Zentralafrikanische
Republik Kongo
Südsudan
Kamerun
Somalia
Äquatorialguinea
Gabun
Republik
Kongo
Uganda
Kenia
Ruanda
Burundi
Demokratische
Republik Kongo
Tansania
Angola
Malawi
Sambia
Mosambique
Madagaskar
Simbabwe
Namibia
Botsuana
Swaziland
Lesotho
Südafrika

*Senegal*

# Betteln im Namen Allahs

## Die Talibé, Koranschüler im Senegal

Es ist immer hart anzukommen. Noch härter ist es nur, wenn man alleine ist. Zwei Schritte aus dem kleinen Hotel hinter dem Markt in Dakar, und schon geht es los. „Bonjour Madame, ça va?“ „Bonjour, ça va bien“, hört man sich freundlich antworten, wohl wissend, was als Nächstes kommt. „Wo sind Sie denn her?“ „Aus Österreich, aber bitte Monsieur, ich will mich nicht unterhalten.“ Das nützt natürlich rein gar nichts. Also fuchtelt man bald abweisend mit den Armen, stammelt etwas von „Schluss jetzt“, denn was soll die Unterhaltung, schließlich ist klar, worauf es hinausläuft: „Brauchen Sie ein Taxi? Vielleicht morgen? Was haben Sie denn morgen vor? Wo gehen Sie denn jetzt hin? Essen vielleicht? Soll ich Ihnen ein wirklich gutes, kleines Restaurant zeigen? Es ist gleich um die Ecke, ich habe eine Boutique, wollen Sie nicht Antiquitäten kaufen? Mein Freund hat eine wirklich tolle Quelle, wir haben einen Stand hier am Markt, hier ist meine Karte, so nehmen Sie doch.“ Nein! Der Kopf beginnt zu wummern, Wut steigt auf, auch das ist nicht neu. Zwei Gassen weiter gelingt es, den jungen Mann abzuschütteln. Das erleichtert. Und jetzt möglichst forschen Schrittes weiter, Augen starr nach vorne, ja kein unsicherer Blick, auch wenn man eigentlich auf den Plan schauen müsste, um zu wissen, ob man zum Institut Français nicht genau hier jetzt nach rechts hätte abbiegen müssen. Doch die Zeit für Reflexionen ist ohnehin schon wieder perdu. „Bonjour Madame, ça va“? „Ça va bien, merci“, danke, danke, ja, ich bin aus Österreich, aber ich möchte mich jetzt definitiv nicht unterhalten. Wenn nichts mehr geht, droht am Ende auch noch der K.o.-Schlag mit dem Rassismus-Hammer: „Sie reden wohl nicht mit Schwarzen" lautet er und tut wirklich weh. „Ja, ich rede nicht mit Schwarzen", sage ich dann beleidigt. Und unweigerlich beschleicht mich eine in Afrika immer wiederkehrende Frage: Was in aller Welt mache ich bloß hier?

Doch schon zwei Tage später ist alles anders, man ist schnell bekannt als Weiße. „Bonjour Madame, haben Sie gut geschlafen? Es ist heiß heute, nicht?" „Ja", sage ich, „am Nachmittag wird es wohl wieder regnen." Ich bin angekommen und weiß auch sogleich wieder, was ich hier mache: Ich fühle mich wohl.

Wäre da nicht diese Hitze. „Jedes Jahr das Gleiche", schimpft der Taxifahrer, „sie bauen so viele neue Häuser, aber keine Kanalisation. In der Regenzeit steht das Wasser überall, Jahr für Jahr haben wir Überschwemmungen." Dakar platzt aus allen Nähten, die größte Stadt Westafrikas boomt. Alle großen NGOs sind da, alle wichtigen Medien haben hier Quartier bezogen. Der Senegal ist stabil, und wenn etwas gut geht in Afrika, dann sind die internationalen Institutionen schnell zur Stelle. „Dakar, la rue publique" heißt ein Film des senegalesischen Filmers Ben Diogaye Bèye über das Leben in den Straßen Dakars. Darin zeigen Luftaufnahmen das gesamte Ausmaß dieses Millionen-Gewurls, das nur in den Augen der Unwissenden an Chaos gemahnt.

Chaos, ein gerne strapaziertes Wort im Zusammenhang mit Afrika. Doch hier hat alles seinen Platz, wenn auch zugegebenermaßen wenig. Die Straße ist schließlich nicht nur für die Autos da, die täglich mehr werden, auf den Gehwegen der Innenstadt haben Händler Läden aller Art platziert, hier gibt es alles, was man so braucht oder zumindest irgendwann einmal brauchen könnte. Und so benutzen Fußgänger eben die Fahrbahn, was wiederum den Verkehr zum Erliegen bringt. Am Ende ruht alles in einer Wolke aus Hitze und Abgasen. In dieses Bild gehören wie selbstverständlich auch bettelnde Kinder. Millionen können in den Städten des Südens nur durch Betteln überleben. In Nordindien haben wir in einem Verkehrsstau einmal eine Gruppe Kinder beobachtet, die zur Unterhaltung der genervten Verkehrsteilnehmer das jüngste Kind, fast noch ein Baby, hoch in die Luft geschleudert haben, um es am Ende wie einen Ball wieder aufzufangen, bevor es wieder meterhoch in die Luft geschleudert wurde. In Mumbai drohte ein junges Mädchen, sein kleines Schwesterchen durch das offene Fenster neben uns auf den Rücksitz zu werfen, sollte nicht auf der Stelle eine Münze in ihre Hand wandern.

Doch die Buben, die hier in Dakar aus den Nebeln der Auspuffgase ans Autofenster treten, sind anders. Es sind schüchterne kleine Gesellen, viele keine vier, fünf Jahre alt. Ins Auge stechen sie vor allem durch eines: Sie sind so viele. Die meisten tragen übergroße T-Shirts, löchrige Lumpen, die an ihren dürren Körpern hängen. Zum Betteln haben sie alte rote Tomatenbüchsen oder gelbe Plastikschüsseln unter dem Arm. Es sind Koranschüler, sogenannte Talibé. Die Eltern übergeben sie selbsternannten Korangelehrten, den Marabuts. So will es die Tradition. Ihre gesamte weitere Kindheit und Jugend werden die Schüler in ihrer Obhut verbringen. Rechte haben sie keine. Weit weg von der Heimat, den Eltern und den Geschwistern, sind die Kinder den fremden Männern von nun an schutzlos ausgeliefert. Oft sprechen sie zunächst nicht einmal die Sprache ihrer neuen Umgebung. In den Daaras, den Koranschulen, herrschen meist unhaltbare Zustände, skrupellose Marabuts halten Zehntausende Kinder wie Sklaven. Sie schicken sie zum Betteln auf die Straße, oft mehr als acht, manchmal sogar zehn Stunden lang. Erbetteln sie zu wenig, werden sie misshandelt und geschlagen.

„Ein paar Francs! Ein paar Francs!“ Um ihr Plansoll zu erreichen, ertönt ihr Ruf noch tief in der Nacht.

Seit einigen Jahren nehmen sich ausländische und auch einheimische NGOs dieser Kinder an, nicht immer mit Erfolg. Da Hilfe ohne die Marabuts nicht möglich ist, verschärfen die gut gemeinten Bemühungen oft sogar das Problem. Die skrupellosesten unter ihnen streifen dann nur noch mehr Profit ein, sagt Human Rights Watch. Die Organisation hat Mitte 2010 eine Studie zu den Talibé veröffentlicht. Sie heißt „Hände weg von den Kindern“. Der Amerikaner Matthew Wells hat dafür Dutzende Gespräche mit Kindern und Marabuts geführt. Er gibt mir in Dakar viele praktische Tipps mit auf den Weg. Ein Weg, der nach Saint-Louis führt, die alte Hauptstadt Französisch-Westafrikas, wo es die meisten Daaras und auch die meisten Missstände gibt.

Saint-Louis hat knapp 200.000 Einwohner. Es liegt hoch im Norden Senegals, gleich dahinter beginnt Mauretanien. Der Islam, generell in Westafrika sehr milde, ist hier noch viel ursprünglicher. Geschätzte 15.000 Talibé gibt es allein in Saint-Louis, doppelt so viele wie noch vor fünf Jahren. Die meisten kommen aus den Dörfern im Norden, viele aber auch aus dem benachbarten Guinea-Bissau, von wo aus sie oft illegal von Schleppern in die Fänge von senegalesischen Marabuts getrieben werden. Eine Praxis, die von beiden Regierungen und von Menschenrechtsorganisationen als schlimme Form des Menschenhandels verurteilt wird.

Mindestens fünf Stunden Fahrzeit sind es von Dakar nach Saint-Louis im Taxi-Brousse. Taxi-Brousse sind meist rostige Peugeots, die von hektischen Sammelplätzen abfahren. Allerdings erst dann, wenn alle ihrer sieben Sitze belegt sind. Ich bin Nummer fünf, also warten wir. Schon jetzt, um neun Uhr früh, ist es unerträglich heiß im Wagen. Ich schlage die Zeit tot, indem ich aufschreibe, was rund um mich angeboten wird, zumal dies so eindringlich geschieht, dass man sich ohnehin nicht entziehen kann. Also das wären Kekse und Bananen, Air-Time für Handys, Männerunterhosen, allerhand kleine Elektrogeräte, Radios, fünf Äpfel für fünf Francs, Sonnenbrillen, Taschentücher, Geldbörsen, Halsketten, Koranausgaben, Zeitungen, Wäscheklammern, Cola-Dosen, traditionelle Männerkleider, sogenannte Boubous, Mädchenkleider, Säckchen mit zehn Bonbons, Erdnüsse, alte Bücher, Orangen, Wasser in Säckchen, Hosengürtel, Taschenrechner, BIC-Rasierer, Adapter, Kopfhörer, Schutzhüllen für Handys und iPhones, Brillentaschen, Zahnpasta, Fächer, Computertaschen, Hosen, Jeans. Dann ist Schluss. Denn dann drängen sich zwei Männer zu mir auf die hintere Sitzbank. Sie sind, das war wohl zu befürchten, besonders groß. Aber immerhin, ich habe zwei Bananen gekauft und eine dünne Zeitung. Beides, so stellt sich später heraus, verkürzt die Fahrzeit allerdings kaum. Die Staus in den Ausfallstraßen, die Hitze, der Bewegungsmangel – 265 Kilometer scheinen schier endlos.

Doch am Ende entschädigt die Einfahrt in die Altstadt von Saint-Louis mit ihrer zauberhaft verfallenen Kolonialarchitektur. Saint-Louis ist die älteste französische Stadt in Afrika, 1659 gegründet, ist sie seit einigen Jahren UNESCO-Weltkulturerbe. Die Altstadt liegt im mächtigen Senegal-Fluss auf einer Insel, der Île Saint-Louis. Sie ist mit dem Festland durch eine berühmte Eisenbrücke verbunden, die Gustave Eiffel vor gut 110 Jahren zusammenschweißen ließ. Heute wankt das rostige Relikt bereits bedrohlich, der Eisenboden ist löchrig und hundertfach geflickt. Nur wenige Autos dürfen gleichzeitig darüberrattern, langsam und vorsichtig. Zugleich wird die Brücke daneben originalgetreu neu aufgebaut. Aufgrund dieser Lage der Stadt, zwischen dem Fluss und dem Meer, sind die

Überschwemmungen nach der Regenzeit noch schlimmer als in Dakar, einige Straßen der sich dahinziehenden Außenbezirke der Stadt stehen völlig unter Wasser.

In einem solchen Außenbezirk, weit ab vom touristischen Charme der Altstadt, besuchen wir die erste Koranschule, die Daara Serigne Seck. Wie viele andere der 350 Koranschulen der Stadt ist sie in einem Rohbau untergebracht. Die halbfertigen Häuser sind meist billig oder werden den Marabuts so lange gratis zur Verfügung gestellt, bis der Besitzer wieder Geld hat, um weiterzubauen. Und das kann dauern. Oft stehen ganze Straßenzüge viele Jahre lang leer. Hausruinen, noch nicht fertig und schon wieder verfallen, sind ein häufiges Phänomen in vielen afrikanischen Staaten. Ein kleines Tor führt in den Hof der Serigne-Seck-Koranschule, Schild gibt es keines. Ich bin auf einiges gefasst, dennoch lässt mich der erste Schritt vor Schreck fast nach hinten kippen. Der ganze Hof ist überschwemmt. Das Wasser stinkt nach Fäulnis, es hat eine ekelig grau-grüne Farbe. Darüber knallt gnadenlos die Sonne. Kein Dach, keine Plane, nur ein alter Baum, irgendwo hinter der Mauer, schützt die Kinder ein wenig vor der Hitze. Die Luftfeuchtigkeit beträgt seit Tagen an die 90 Prozent. Es sind Dutzende Buben da, der kleine Hof ist voller Kinder. Im Durchschnitt zählen Koranschulen im Senegal 50 bis 70 Talibé, die Daara Serigne Seck hat 55. Viele der Schüler sind unterwegs, um zu betteln, dennoch ist kein Platz mehr. Einige Buben sitzen auf Ziegeln oder kaputten gelben Plastikkanistern, andere lehnen an der Wand, manche schwatzen, einige haben tatsächlich handgeschriebene Hefte mit Koransuren in der Hand. Viele der kleinen nackten Füße ruhen tief im parasiten- und malariaverseuchten Schlamm, dazwischen hat sich der Müll festgeklebt. Da ich mich keinen Schritt rühren kann, ohne in die silbrig-schimmernde Brühe zu treten, beschäftige ich die Kinder nahe am Eingangstor mit meiner Kamera. Sie finden es lustig, dass ich bloß ihre Füße fotografiere. Issa ist inzwischen vorsichtig am Rand rund um den Hof gelaufen. Der Marabut, sagt er, sei da, doch er lasse sich entschuldigen, er sei unpässlich. Fremde könne er jetzt nicht empfangen.

Issa Kouyate trägt weite Jeans und dunkle Sonnenbrillen über den rot unterlaufenen Augen. Er ist Mitte 40 und man könnte ihn für einen Musiker halten, von denen es im Senegal so viele großartige gibt. Doch Issa ist Leiter einer NGO. Sie heißt „Maison de la Gare". Seit fünf Jahren kümmert sich Issa ausschließlich um die Talibé, das Schicksal der kleinen Buben lässt ihn nicht mehr ruhen. Er redet mit Marabuts, mit Regierungsvertretern, mit Eltern. Aus dem Ausland, vor allem aus Kanada, kommt etwas Geld. Damit bauen Issa und seine sechs Mitarbeiter gerade an einem Zentrum mit Büro und Kantine für die Buben, denn Talibé sind immer hungrig. Toiletten, Duschen und Aufenthaltsräume sind schon fertig, die Türen bunt bemalt, doch seit Tagen herrscht Stillstand. Die Männer warten auf einige Lkw-Ladungen Sand, um den Hof eben und trocken zu bekommen. Bezahlt haben sie selbstverständlich schon lange im Voraus, doch der Lieferant vertröstet sie von einem Tag auf den anderen. Immer nur Probleme, schimpft Issa, es funktioniert einfach nichts im Senegal, das mache ihn traurig.

„Issa, Issa!", rufen die Kinder in den Straßen der Altstadt, wenn sie ihn sehen. Ein schmaler Gang führt zur stets unverschlossenen Tür seiner Wohnung. Immer sind Buben da, sie hocken oder schlafen vor der Wohnung, im Gang, neben den toten Kakerlaken, die wohl aus dem angrenzenden Geschäft stammen. Drinnen flüchtet der kleine Abdoulaye Bâ sofort hinter die Tür zum Wohnzimmer. Er sieht mich nicht zum ersten Mal, dennoch fürchtet er sich. Der Kleine ist schüchtern, obschon er zugleich schlau wirkt, fast ein wenig verschmitzt.

Manchmal lächelt er hinter dem Türrahmen hervor. Auch fotografieren darf ich ihn nicht, obwohl der schmutzige, verrotzte Kerl doch so hübsch ist mit seinen großen Augen, den endlos langen Wimpern und den strahlend weißen Zähnen. „Wie alt bist du?“, Issa übersetzt die Frage, doch Abdoulaye weiß es nicht. Sechs oder sieben, meint Issa, er sei schon mindestens ein Jahr in einer der Daaras von Saint-Louis, wenn nicht schon zwei. Ein europäisches Kind ähnlicher Größe und Statur wäre höchstens vier, schätze ich, doch Kinder sind in Afrika immer zarter. Abdoulaye kommt aus dem Norden Senegals. „Khadiatou und Samba“, so heißen seine Eltern, antwortet er brav. Sie sind vermutlich Halbnomaden, ergänzt Issa. Die meisten Eltern kümmern sich nicht um die Kinder, sagt er, die Jungen müssen alles hinter sich lassen, sie versuchen die Vergangenheit zu vergessen und reden auch untereinander nicht darüber. „Vermisst du deine Mutter?“, Abdoulaye sieht betreten nach unten und bleibt stumm. Wäre eine Mutter da, würde er sich jetzt hinter ihrem Rockzipfel verstecken, doch Abdoulaye hat niemanden. „Es bleibt ihnen nur die Natur“, sagt Issa. „In den Daaras ist zu wenig Platz. Selbst in der Regenzeit und im Winter schlafen sie im Freien und kümmern sich nicht um die Gefahren. Das Einzige, woran sie sich halten, ist eine Art Stundenplan.“ Ein Plan, auf den auch Human Rights Watch bei seinen Recherchen immer wieder gestoßen ist. Der 13-jährige Ousman etwa betet seine Aufgaben in seiner Daara so herunter: „Von 6 bis 7.30 Uhr Koranstudium, 7.30 bis 9 Uhr betteln für Geld und Frühstück, von 9 bis 11 Uhr Koranstudium, 11 bis 14 Uhr betteln für Geld und Mittagessen, von 15 bis 17 Uhr Koranstudium, 17 bis 20 Uhr betteln für Geld und Abendessen.“

Langsam und vorsichtig, wie um ja nichts falsch zu machen, führt Abdoulaye seinen Löffel zur großen Schüssel mit Reis,

Karotten und Fleisch, die ein „Maison de la Gare"-Mitglied vor uns auf ein Tuch gestellt hat. Wir sitzen am Boden des kleinen Vorzimmers. Hier herrscht ständiges Kommen und Gehen. Wenn Kinder da sind, essen sie mit. „Er schluckt immer, ohne zu kauen", schimpft Khady, die einzige Frau in der Runde der Aktivisten. Mir gelingt es nicht, mehr über den zarten Jungen herauszufinden, er redet einfach nicht. Dann ist er tagelang verschollen und es ist gar nicht sicher, ob er wiederkommt, schließlich laufen jedes Jahr mehr als tausend Koranschüler weg oder versuchen es zumindest. Als er wieder auftaucht, fällt mir ein Stein vom Herzen. Wie weit er mit dem Koran ist, frage ich ihn, und tatsächlich beginnt der Kleine plötzlich, mit fast unhörbarem Stimmchen, einige Sätze zu rezitieren. Jemand wird kommen und er wird dir vergeben, so oder ähnlich lautet der Text der Sure, den Issa mit ihm gemeinsam zu Ende bringt, denn selbstverständlich hat auch Issa den Koran gelernt. Allerdings neben der staatlichen Schule, sagt er, in Zusatzstunden und in den Ferien.

95 Prozent der gut 13 Millionen Senegalesen sind Muslime, sehr gemäßigte allerdings, Kopftuch und Alkoholverbot sind hier kein Thema. Koranschulen gab es schon vor der Ankunft der Franzosen. In der muslimisch geprägten Gesellschaft haben religiöse Führer seit jeher große gesellschaftliche und politische Macht, sie dominieren weite Teile des Lebens. Allerdings waren die traditionellen Daaras früher in den Dörfern. Gebettelt wurde nur, wenn es zu wenig gab. Erst seit die Daaras in die Städte gezogen sind, ufern organisiertes Betteln und Missbrauch aus. Vor fünf Jahren hat die Regierung zwar Gesetze erlassen, die organisiertes Betteln zum Zweck der persönlichen Bereicherung unter Strafe stellen, doch bisher ist deswegen noch kein einziger Marabut angeklagt oder vor Gericht gestellt worden. Die Koranschulen unterliegen keinerlei Kontrolle. An

den mächtigen Sufi-Bruderschaften Senegals, allen voran den Muriden, haben sich schon die Franzosen die Zähne ausgebissen. Immer wieder hatten sie versucht, die Zahl der Marabuts zu limitieren und das Studium des Koran, das sie ohnehin für sinnlos hielten, zu unterbinden – mit mäßigem Erfolg. Weder Strafen noch Zuwendungen, weder Zuckerbrot noch Peitsche brachten den gewünschten Erfolg. In den Jahren nach der Unabhängigkeit nahm die Macht der Korangelehrten weiter zu. Unter Senegals berühmtem ersten Präsidenten Léopold Senghor erließen die Bruderschaften religiöse Erlässe in der Landessprache Wolof, in denen sie ihre Anhänger aufforderten, Senghor und seine Sozialistische Partei zu wählen. Der bedankte sich dafür mit großzügigen wirtschaftlichen Zuwendungen. Eine Praxis, die bis heute andauert. Die muslimischen Bruderschaften beeinflussen Politik und Wirtschaft, ohne sie wird im Senegal kein Präsident gewählt.

„Alles ist in Gottes Hand", sagt Jounouss Baldé, Marabut in Saint-Louis. Wir treffen ihn in der Altstadt, denn seine Daara ist für uns immer noch unerreichbar. Vier Tage in Folge hatten wir es nun schon versucht, waren hinausgefahren in eine weitere vermüllte Rohbausiedlung, wo Kinder inzwischen Ziegelsteine in den überschwemmten Gassen platziert hatten, auf denen man, gegen eine geringe Gebühr, versteht sich, mit viel Geschick über das Wasser balancieren konnte. Doch die Brühe vor der Jounouss-Baldé-Daara, die in der gleißenden Sonne eine knallgrün-gelbliche Farbe angenommen hat, ist zu tief für die Ziegelsteine. Nur die Talibé mit ihren nackten Füßen waten einfach durch. Jounouss winkt freundlich von der Ferne. Wie er es zu uns in die Altstadt geschafft hat, ohne sein wallendes, blitzblaues Gewand zu beschmutzen, weiß ich nicht. Seit gut 30 Jahren gibt Jounouss Baldé die Lehre des Propheten Mohammed weiter, sagt er. Ich bin verblüfft, der große, stämmige Senegalese sieht schließlich nicht alt aus. Wie viele Schüler er derzeit in seiner Daara beherbergt, kann er nicht sagen, wie viele es über die Jahre waren, schon gar nicht. Darauf habe er auch gar keinen Einfluss, erklärt er. Wie alle Marabuts ist auch Jounouss Baldé davon überzeugt, dass das Betteln an sich nicht verwerflich ist. Im Gegenteil. Es sei wichtig für die Bescheidenheit und die Moral der Buben. Erziehung sei schließlich keine einfache Sache, meint er. „Um den Koran zu lernen, ist es notwendig zu leiden", übersetzt Issa die kräftigen Worte des großen Mannes. „Aber kann man denn mit dem erbettelten Geld nicht zumindest einfache Bettgestelle kaufen, damit die Kinder nicht am Boden schlafen müssen?", will ich wissen. „Nein", sagt der Marabut, dazu seien die paar Münzen doch viel zu wenig.

Sind die Kinder krank, müssen sie nur noch mehr betteln, um für teure Medikamente aufzukommen, sagt Human Rights Watch. Hautkrankheiten, Krätze, Parasiten, Durchfall, Augenentzündungen, Kopfweh, Fieber, Malaria, Erschöpfung, sexuelle Ausbeutung durch ältere Talibé – die Daaras sind wahre Brutstätten für Krankheiten. Stimmt nicht, sagt Jounouss Baldé, krank seien sie selten. „Die Talibé brauchen Strenge", meint er. Brauchen sie deshalb auch Schläge? Nein, sagt der Marabut, so etwas gebe es in seiner Daara nicht. Ich weiß nicht, ob ich ihm glauben soll, doch das Gespräch in dem kahlen Raum eines fremden Wohnhauses wird ohnehin immer zäher. Schuld sei die Regierung, sagt Jounouss, denn die würde das viele Geld, das aus aller Welt käme, für sich behalten. „Wenn Sie und die österreichische Regierung jetzt zum Beispiel direkt meine Daara unterstützen würden und in einigen Jahren wiederkämen, dann würden Sie den Unterschied sehen." Und so läuft das Gespräch rasch darauf hinaus, dass das Gegenüber Geld sehen will, wie so häufig in Afrika. Vom bettelnden Straßenkind, über den Guide, den Polizisten, den Lehrer, bis hin zum Politiker. Am Ende wird man als Weißer immer zur Melkkuh degradiert. Eine verständliche Folge der jahrzehntelangen Entmündigung durch Entwicklungshilfe, die jede Annäherung unmöglich macht. Besonders schwierig ist das, wenn man als Journalist mit der Fernsehkamera unterwegs ist, dann gilt man schließlich als noch reicher. So wie CNN eben.

Was das Geld für die Marabuts betrifft, hat Human Rights Watch nach der eingehenden Befragung von 175 Talibé eine grimmige Statistik erstellt. Demnach werden Talibé in Saint-Louis an einem normalen Betteltag von siebeneinhalb Stunden gezwungen, im Schnitt 228 westafrikanische Francs an ihren Marabut abzuliefern, das sind umgerechnet 35 Cent. Im etwas reicheren Dakar sind es in der gleichen Zeitspanne 463 CFA, also ca. 70 Cent. Eine unvorstellbar niedrige Summe in unseren Augen. Doch in einem Land, in dem 30 Prozent der Bevölkerung von weniger als einem Dollar pro Tag leben, kann ein Marabut damit durchaus reich werden. Neben dem Geld müssen die Koranschüler auch noch Reis und Zucker bringen. Beides wird dann häufig in große Säcke gepackt und teuer am Markt verkauft. „Die sind doch alle gleich“, schimpft Issa. „Viele Marabuts haben zwei, drei Frauen und fahren dicke Autos.“ Die größte Last tragen die Kleinsten. Die Quoten für die jüngsten Talibé sind am höchsten, nur bei den ganz Kleinen, den Vier- bis Sechsjährigen, ist noch Nachsicht möglich. Sind die Schüler einmal 15 oder älter, müssen sie meist nicht mehr betteln. Sie beginnen dann ihr eigenes Leben aufzubauen, wie Kalidu Baldé. Er ist 15, groß und schlank. Seine Eltern hat er seit neun Jahren nicht mehr gesehen. Derzeit hilft er ein wenig am Markt, sagt er. Aber was will er denn später mit seinem Leben anfangen, frage ich ihn, und die Antwort kommt wie aus der Pistole geschossen: „Ich will Marabut werden“, sagt er.

Eine Radikalisierung des Islam sieht Issa im Senegal nicht, er habe es noch nie mit Fundamentalisten zu tun gehabt. „Unser Glaube ist leise, wir schreien nicht nach Allah“, sagt er. Doch Terrorexperten sehen das anders. Wenn von Taliban und islamischen Gotteskriegern die Rede ist, geht es längst nicht mehr ausschließlich um Afghanistan und Pakistan. Internationale Sicherheitsexperten haben ihren Blick auch auf Afrika gerichtet. Sie beobachten mit Argwohn, dass immer mehr Eltern ihre Kinder nicht in öffentliche Schulen schicken, sondern ausschließlich in Koranschulen. Sie blühen im gesamten Sahel, von Mali über Niger und die islamischen Bundesstaaten Nigerias bis in den Tschad. Vor allem den USA ist die explosive Kraft der Koranschulen ein Dorn im Auge. Laut State Department haben die Vereinigten Staaten im Jahr 2009 Hilfsgelder in der Höhe von 85 Millionen Dollar an den Senegal ausbezahlt. Ein 540 Millionen Dollar schweres Milleniumspaket droht Obama, einem Bericht der „Washington Post“ zufolge, nun aber zurückzuhalten. Ende 2010 hat die Regierung in Dakar deshalb erstmals damit begonnen, das existierende Bettelverbot auch zu exekutieren. Kinder wurden von den Straßen vertrieben.

Angenehm für Reisende, ob es nützt, ist aber mehr als fraglich. Schließlich wird es damit für die Buben noch schwieriger, die geforderten Beträge an die Daaras abzuliefern, viele verlegen sich aufs Stehlen. Einen möglichen Ausweg stellen nach Meinung von Experten sogenannte „moderne“ Daaras dar, staatlich geförderte Koranschulen, in denen neben dem Koran und Arabisch auch Englisch, Französisch und andere Fächer unterrichtet werden. In solchen Schulen meistern gesunde, wohlgenährte Kinder den Koran in drei bis fünf Jahren. Einige Hundert solcher Schulen hat Senegals Präsident Wade in den kommenden Jahren versprochen. Doch das wird nicht reichen.

Und schließlich ist selbst für die staatlichen Schulen viel zu wenig Geld da. Der Senegal ist arm und die Aussichten für die Zukunft sind nicht rosig.

Trotz aller Hilfe wächst die soziale Not. Der Staat ist fast bankrott, der westafrikanische Riese wankt, in der Bevölkerung gärt es. Abdoulaye Wades Popularitätswerte sinken seit Jahren, doch das kratzt den mittlerweile 83-Jährigen offenbar kaum. Weiterhin baut er seinen Sohn Karim als Nachfolger auf. Der hat sich gerade einen Privatjet gekauft, weiß ganz Dakar. Und dann ist da noch dieses Denkmal. 50 Meter ist es hoch, höher als die Freiheitsstatue. „Denkmal der Afrikanischen Wiedergeburt" nennt sich das monströse Bronze-Ding auf einem der zwei Hügel der Stadt. Egal ob am Flughafen, auf der Stadtautobahn, am Strand – von überall aus ist es weithin sichtbar. Es ist von Nordkoreanern entworfen worden und sieht auch genau so aus. Eine lange Treppe führt hinauf zum eigentlichen Denkmal, einer gigantomanischen, überdimensionalen Kernfamilie in stalinistischer Siegerpose. Mann, Frau, Kind, stark, stolz, muskulös und halbnackt sind die Figuren. Die meisten Senegalesen finden es geschmacklos und etliche muslimische Würdenträger auch. Von den 27 Millionen Dollar, die es gekostet hat, einmal ganz abgesehen.

Der kleine Abdoulaye weiß von all dem nichts. Als ich ihn zum letzten Mal bei Issa treffe, ist sein grünes T-Shirt, das so löchrig ist, dass es nicht mehr lange halten wird, auffallend sauber. Es ist Freitag, da müssen alle Talibé zum Senegal hinunter und sich selbst und ihre Kleidung waschen, erklärt Issa. Viele der Kleinen machen das nicht freiwillig, oft müssen sie von den älteren Talibé mit Gewalt zum Waschen gezwungen werden. Heute, an diesem besonderen Tag, so haben wir vereinbart, soll mich Abdoulaye in seine Daara mitnehmen. Aliou Sow, sein Marabut, sei damit einverstanden, sagt Issa. Und so verabschieden wir uns. Da Abdoulaye kein Wort Französisch spricht, schlendern wir schweigend durch die friedlichen Gassen des alten Saint-Louis, mit seinem betörenden Charme, in die sich auch heutzutage kaum Autos verirren. Vorbei an großen, angeregt schwatzenden Männern in langen Gewändern, an fußballspielenden Kindern und stolzen Frauen mit bunten Tüchern, die vor ihren Obstständen sanft dahindösen. Lange gehen wir so nebeneinander der untergehenden Sonne entgegen. Doch nach einigen Straßenzügen vergrößert sich unser Abstand, nach jedem Eck ist Abdoulaye weiter entfernt. Er dreht sich nicht nach mir um und ich wage nicht, ihn zu rufen. Dann bleibe ich bewusst zurück. Den Blick auf seine traurige Unterkunft will ich mir ersparen. Und so lasse ich ihn in Frieden, bis er im sanften Schleier des zarten Abendlichts zur Gänze verschwunden ist. Erst später, im altehrwürdigen Hotel Post am Eingang der Stadt, fällt mir beim Anblick einer Horde Talibé auf, dass Abdoulaye kein einziges Mal bei mir gebettelt hat. Ich habe ihm nicht eine Münze geschenkt.

*Senegal*

# Kein Sohn darf mehr sterben

## Madame Dioufs Kampf gegen Flüchtlingsboote

„Drei Jahre ist es her, als er am Abend anrief und sagte, er sei in Mauretanien", erzählt Madame Diouf. Am kommenden Tag würde er nach Spanien weiterfahren, habe er gesagt und noch hinzugefügt, ich solle für ihn beten. „Danach", sagt die Mutter, „habe ich nie wieder etwas von ihm gehört." Il a disparu. Verschollen im Meer.

In der Ecke ihres kleinen Büros steht ein großes Bild von Aloune, so hieß ihr einziger Sohn. Mit ihm starben 80 weitere Männer. Ein zweites Boot erreichte die Kanaren. Alle Emigranten auf den zwei Booten waren aus Thiaroye Sur Mer. Das ist heute längst kein idyllisches Fischerdorf mehr. Dakar wächst, Thiaroye hat sich ihm zugewendet, weg vom Meer, vom Fisch kann schließlich keiner mehr leben. Thiaroye Sur Mer mit seinen 45.000 Einwohnern ist heute ein Vorort von Dakar, eine Banlieue der pulsierenden Metropole. Täglich pendeln Zigtausende Menschen aus solchen Vororten ins Zentrum von Dakar und wieder zurück, was die Ausfallstraßen hoffnungslos verstopft. Immer wieder wischt sich unser Taxifahrer den Schweiß vom Gesicht. Die Luftfeuchtigkeit beträgt 85 Prozent, die Temperatur 34 Grad, die schwarzen Auspuffgase, die die rostigen Autos, Busse und Lkws in enormen Wolken herauspusten, hüllen Augen und Lunge in Nebel. Ungewollt schaltet der Körper alle Funktionen zurück, er döst, erträgt und harrt aus. Die Pendler in den vollgepferchten, bunten Kleintaxis machen es nicht anders. Eine Stunde Stau ist normal, doch Zeit gibt es ja hier genug. Rush Hour in Afrika.

In ihrem Wohnhaus in Thiaroye Sur Mer betreibt Madame Diouf ihre NGO. Sie will andere davon abhalten, übers Meer zu fahren. Kein Sohn soll mehr sterben. Das ist jetzt ihr Lebenszweck. Hinter dem Haus hat sich eine dicke grüne Pfütze gebildet, groß wie ein Tümpel. Überbleibsel der schweren Überschwemmungen auch hier. Das Gebräu gärt seit Wochen, es stinkt zum Himmel, der immer noch verhangen und schwer ist von der Schwüle. In einem Hof neben der Pfütze trocknen Frauen in großen Bottichen Fisch. Sie schwitzen, aber sie freuen sich über den Besuch und scheinen guter Dinge. Das Knowhow und ein wenig Geld stellt eine spanische NGO zur Verfügung. Andere Frauen fertigen bunte Puppen oder anderes Kunsthandwerk. Für den Start ins Business vergibt Madame Diouf Mikrokredite. Die erfreuen sich immer größerer Beliebtheit. In alten Verrechnungsbüchern im Büro wird jeder Teilnehmer fein säuberlich registriert und geführt. Nach der Eintrittsgebühr kostet das Ganze 1000 westafrikanische Francs pro Monat, eineinhalb Euro. 120 Mitglieder gibt es schon.

Die Frau mit der schicken eckigen Brille hat viel gelernt, war in Europa und in einigen Ländern Afrikas. Der kleine weiße Lkw vor der Tür ist ein Geschenk der französischen Sozialistin Ségolène Royal. Die Frauen, sagt Madame Diouf, sind der Schlüssel. Wir müssen ihre Haltung ändern. Jede Mutter, die einen Sohn in Europa hat, steigt im Ansehen. Deshalb ermuntern die Mütter die Söhne. Sie tun alles, um ihnen die Überfahrt zu ermöglichen. Sie sparen, verkaufen ihren Schmuck, um die Schlepper bezahlen zu können. Bis zu 700.000 CFA kann die Fahrt kosten, mehr als 1000 Euro. Meist ist es aber etwas weniger. Doch egal wie viel, die Investition lohnt sich. Wenn alles gut geht, kommt bald Geld zurück. Und zwar Monat für Monat. Mit dem Geld kommt der Ruhm. Man ist dann eine bessere Mutter als die anderen, sagt Madame

Diouf. „Genau diese Einstellung müssen wir ändern." Und außerdem: „Wichtige Entscheidungen in den Familien treffen die Männer. Das können wir Frauen nicht mehr hinnehmen", sagt sie und ballt die Faust. Auch Madame Dioufs Mann hat, wie hier üblich, eine zweite Frau und mit ihr vier Kinder.

Mit den „Passeurs", den Schleppern, habe sie anfangs zusammengearbeitet, erinnert sich Madame Diouf, das waren Leute von hier. Heute aber, sagt sie, sind es Fremde. „Die melden wir der Polizei." Von Thiaroye Sur Mer fahren schon lange keine Boote mehr weg, darauf ist Madame Diouf stolz. Dort, wo sie wegfahren, hat sie Zweigstellen eröffnet: In Yoff, in Hann, in Ziguinchor und selbst im entfernten Saint-Louis. Insgesamt bald 700, großteils weibliche Mitarbeiter arbeiten in den verschiedenen Büros. Sie alle helfen Madame Dioufs Lebenswerk mitzutragen. Zu tun gibt es genug.

„Jeder in Dakar weiß doch, wann wieder Schiffe losfahren", sagt Jean-Paul an der Petite-Côte, den vornehmlich von Franzosen bevölkerten Urlauberstränden, wenige Autostunden von Dakar entfernt. Jean-Paul ist seit 35 Jahren in Afrika, und er sieht auch so aus mit seinem nackten, weiß-behaarten Oberkörper, dem langen grau-weißen Bart und dem dicken Bauch, der frei und genüsslich über der kurzen Hose wabert. „Die jungen Männer sehen das alle positiv, auch wenn sie das Weißen gegenüber kaum zugeben", sagt er beim Abendessen auf der etwas zu pompös geratenen, offenen Appartement-Terrasse mit zauberhaftem Blick auf Meer und Sterne, zu dem er mich, gemeinsam mit seinem Freund, einem weiteren alten Afrika-Haudegen, einlädt. Philip heißt der jüngere, er war jahrelang in Libyen, dann in der Zentralafrikanischen Republik. Im Moment kann er seine Aufmerksamkeit kaum von seiner jungen, schwarzen Geliebten abwenden, die nicht gerade gesprächig ist. Wir vier sind zurzeit die Einzigen in dem ansehnlichen Anwesen, weit abgeschieden vom einheimischen Fischerdorf und den anderen Touristen-Resorts. „Der Urlauberstrom beginnt erst in einigen Wochen, nach dem Ende der Regenzeit", sagt Jean-Paul. Diejenigen, die es übers Meer wagen, philosophiert er, sind in den Augen der anderen mutig und beneidenswert. Sie sind Helden. Schließlich wollen auch die Gebildeten weg. Für sie ist es sogar so etwas wie ein „existenzialistisches Muss", meint er. Hier gibt es keine Herausforderung für sie und keine Zukunft.

„Das eigene Leben aufs Spiel zu setzen, um sich selbst und der Familie in Afrika zu helfen, stellt für mich das Höchstmaß an Idealismus dar", sagt der italienische Journalist Fabrizio Gatti. Er hat sich für sein Buch „Bilal" als „Illegaler" unter die Flüchtlinge gemischt und die weite Reise vom Senegal nach Italien mit ihnen geteilt. Eine gefährliche Reise, die oft bei der Ernte auf einem sizilianischen Landgut endet oder am norditalienischen Bau. Es sind moderne Sklavenrouten, die globalisierten Bedürfnissen folgen. Es gibt Vermutungen, dass seit 1992 mehr als 10.000 Bootsflüchtlinge im Mittelmeer ertrunken sind. Doch es könnten auch viel mehr sein, exakte Zahlen gibt es nicht, fest steht nur: Europa will diese Menschen nicht. Allein in zwei Booten, die Ende März 2009 vor der Küste Libyens gesunken sind, waren 300 Menschen. Gut zwei Jahre später, als nach den Umwälzungen in Nordafrika eine neue Welle nach Europa schwappt, ertrinken in wenigen Monaten mehr als tausend Menschen.

Die Abschreckungsstrategie der EU hat dazu geführt, dass afrikanische Bootsflüchtlinge immer weitere Wege auf sich nehmen. Immer mehr nehmen auch schlechte Wetterbedingungen in Kauf und wagen die Überfahrt im Winter. Nähern sie sich der Küste, fahren sie oft nur nachts, um nicht entdeckt zu werden. All das macht die Reise weit gefährlicher. Früher waren die Boote zwei bis fünf Tage unterwegs, heute sind es oft zehn, 20 oder mehr. Viele überleben diese Strapazen nicht. Das Meer ist zum Massengrab geworden. Für uns haben die Flüchtlinge keinen Namen und kein Gesicht. Sie sterben leise. Il a disparu. Verschollen im Meer. „Dabei", sagt ihr Chronist Fabrizio Gatti nach seiner Odyssee, „nehmen diese Afrikaner zwei enorme Risiken in Kauf, die Wüste und das Meer, um ihren Träumen und Wünschen einen Sinn zu geben. Sie sind die Helden unserer Zeit." Mit seiner Heimat Italien, dem Zielort so vieler Flüchtlinge, geht Gatti in einem Interview mit der Wochenzeitung „DIE ZEIT" dagegen hart ins Gericht. „Afrika hat noch Träume, sonst würden seine Bewohner diese Reise nicht auf sich nehmen. Wir in Italien haben es aufgegeben, an eine bessere Zukunft zu glauben."

Geschätzte 67.000 Menschen versuchten 2009, Europa auf dem Seeweg zu erreichen. Die EU-Organisation Frontex führt einen regelrechten Krieg gegen diese Menschen. 2005 ist die Grenzschutzorganisation gegründet worden. Seither versucht sie dem Problem der Bootsflüchtlinge Herr zu werden. Mit Drohnen, Infrarot-Technologie, mit Satellitenaufklärung und biometrischer Erkennungstechnik. Im Meer kreuzen Kriegsschiffe, Europas Antwort auf klapprige Holzboote. Wenn die Flüchtlingsboote geortet werden, werden sie oft zurückgeschickt. Eine Praxis, die Menschenrechtsorganisationen wie Amnesty International heftig kritisieren. Als klaren Verstoß sowohl gegen die europäische Menschenrechtskonvention als auch gegen die Genfer Flüchtlingskonvention. Oft sind die Verzweifelten tatsächlich verfolgt, oft kommen sie aus Kriegsgebieten wie Somalia, doch das Recht auf einen Asylantrag wird ihnen verwehrt. Stattdessen werden sie zum Abdrehen gezwungen, egal, ob der Sprit für die Rückfahrt reicht, egal, ob Leichen an Bord sind, egal, wie verbrannt und verätzt ihre Haut ist von der sengenden Sonne am Meer, egal, ob die Menschen Hunger leiden oder ob sie bei der Weiterfahrt verdursten werden.

„Verdursten oder Ertrinken, das kratzt die doch nicht", sagt ein Rückkehrer. Horror-Berichte gibt es viele. Madame Diouf gestaltet Informationsabende mit den Rückkehrern. Unter den tausend Jahre alten Baobabs und dem warmen Himmel der untergehenden Sonne spielen Laiendarsteller Theater, berichten Flüchtlinge von den Schrecken der Fahrt, von Hunger und Durst, vom unfreundlichen Empfang, der Ausbeutung und der Kälte Europas. Es sind Berichte vom Scheitern, darüber zu reden, braucht Mut. „Wir müssen versuchen, sie zu überzeugen hier zu bleiben, wir müssen ihnen helfen, hier Arbeit zu finden, auch wenn das schwierig ist. Denn wenn ich selbst genügend Wasser im Haus habe, muss ich ja nicht zum Nachbarn, um ihn darum zu bitten", sagt Madame Diouf. Aber wie gelingt es ihr inmitten all der gefestigten Meinungen und Traditionen, die Einstellungen der Mütter und Söhne tatsächlich zu ändern? Mit dem, antwortet die resolute Madame lächelnd, was man in Afrika am liebsten tut: „Mit Reden, Reden und wieder Reden."

Die europäische Grenzschutzorganisation Frontex hat gegenwärtig Zugriff auf 113 Schiffe, 26 Hubschrauber, 22 Flugzeuge, Wärmebildkameras, $CO_2$- und Herzschlagdetektoren, mobile Radargeräte und weitere Fahrzeuge. Zahlen, die eine andere Sprache sprechen. Vor der Tür des Büros in Thiaroye Sur Mer lehnt Babacar Diop, er ist 19. Ob er auch nach Europa will? Nein, sagt der schüchterne junge Mann. Ab und zu finde er Arbeit bei Madame Diouf. Nein, er werde bleiben.

*Sierra Leone, Liberia*

# Im Land der abgehackten Hände

## Renate Winter und das Sierra-Leone-Tribunal

„Afrika kennt viele Wege, was das Ende von Tyrannen angeht, aber der Weg der Gerechtigkeit ist eine Seltenheit geblieben", sagt Patrice Nganang, Schriftsteller aus Kamerun. Oft machen Putschisten kurzen Prozess mit Despoten, andere sterben im Exil, wie der Kleptokrat mit der Leopardenfellmütze Mobutu Sese Seko, der aus dem ehemaligen Zaire geschätzte 14 Milliarden Dollar für seinen Privatgebrauch herausgepresst hatte. Oder sie wurden zu Lachnummern, wie Nigerias Diktator Sani Abacha, der im Bett mit zwei Prostituierten starb. Besonders grausam war der Tod des Tyrannen Samuel Doe im kleinen westafrikanischen Liberia. Doe war ein sprunghafter, ungebildeter Schießkumpan. Als er sich in den 1980er Jahren an die Macht putschte, war er keine 30 Jahre alt. Einmal, so lautet eine Geschichte, die die Liberianer gerne erzählen, bestellte der Diktator den Finanzminister zu sich. „Aber, Herr Präsident", sagte schüchtern sein Sekretär, „sie haben den Finanzminister doch letzte Woche erschießen lassen." Das hatte er vergessen. Schade war es also nicht um Samuel Kanyon Doe. Doch so?

Neun Stunden lang wurde er vor laufender Kamera zu Tode gefoltert. Man schoss ihm in die Knie, schnitt im die Ohren ab, eines nach dem anderen, kastrierte ihn, steckte Teile in seinen Mund. Das Video war lange auf dem Markt von Monrovia erhältlich. Prince Johnson, der Warlord, der die blutrünstige Szene am Strand befohlen hatte und der daneben genüsslich sein Bier trank, ist heute Senator. Sein Revolutionskumpan und langjähriger Weggefährte wurde gar Präsident. Er heißt Charles Taylor und ist zweifellos einer der schlimmsten Tyrannen Afrikas.

Der „Fürst der Finsternis“ wird er in den Massenmedien genannt, ein „Scheusal“, ein brutaler Kriegsverbrecher. Ein „Ungeheuer“ nennt ihn selbst die seriöse „Süddeutsche Zeitung“.

Mindestens 400.000 Menschen haben die Bürgerkriege, die Charles Taylor in seiner Heimat Liberia und im Nachbarland Sierra Leone geschürt hat, das Leben gekostet. Zumindest für die Gräuel in Sierra Leone wird er nun zur Verantwortung gezogen. Taylor ist der erste afrikanische Staatschef, der sich vor einem internationalen Gericht verantworten muss. „Von ihm hängt es ab, ob Gerechtigkeit in Afrika Zukunft hat“, schreibt Patrice Nganang. Eine große Verantwortung, die nicht zuletzt in den Händen einer Österreicherin liegt: der Richterin Renate Winter aus Wien. Sie ist eine Koryphäe im internationalen Recht. 2003 haben sie die Vereinten Nationen nach Afrika gerufen, als Richterin, Vorsitzende und Mitglied der Berufungsinstanz im Kriegsverbrechertribunal für Sierra Leone.

Einige Male treffe ich die große, elegante Frau im 13. Bezirk in Wien. Im gutbürgerlichen Café Dommayr reden wir über die Verbrechen in Westafrika. Über das noch laufende Verfahren gegen Charles Taylor darf sie nicht sprechen, doch drei Verfahren des Sierra-Leone-Tribunals sind abgeschlossen. Tausende Seiten voller Gräuel hat die 66-jährige Juristin durchgeackert. „Da kommen Leute in ein Dorf, sämtliche Frauen müssen sich aufstellen. Dann schauen die, welche schwanger sind, und schließen Wetten ab, ob es ein Bub oder ein Mädchen ist.“ Ihre Worte sind kräftig und klar, doch in der Stimme zittert leise Wut. „Dann schlitzen sie die Bäuche auf und schauen, wer gewonnen hat. Oder sie gehen in ein Dorf und holen sich alle Babys und spießen sie auf. Beim After hinein und beim Mund wieder hinaus. Oder sie strecken jemanden auf dem Boden aus und die Kindersoldaten springen so lange auf seinem Brustkorb, bis alle Rippen gebrochen und die Lungen durchstoßen sind. Das sind die Geschichten, mit denen wir es zu tun haben", sagt die Richterin trocken und streicht sich die roten Haare aus der Stirn. „Noch einen Wunsch?", fragt freundlich der Herr Ober. Draußen scheint warm die Sonne.

Sierra Leone ist ein kleines Land, kleiner als Österreich. Es liegt an der Atlantikküste Westafrikas. Flüge dorthin gibt es kaum, denn wer will schon nach Sierra Leone. „Fliegen Sie auch nach Freetown?" Als mir ein älterer Herr vor einigen Jahren auf einem kleinen Flughafen, ich weiß nicht mehr wo, diese Frage stellte, schüttelte es mich innerlich vor Ekel. Freetown, das ist doch die Hauptstadt von Sierra Leone, und Sierra Leone, das ist doch das Land mit den abgehackten Händen. Nein, nein, da will ich sicher nie hin, dachte ich damals. Und nun will ich es doch. Ich will wissen, was aus den Tätern geworden ist, den durchgeknallten Kindersoldaten und den anderen Monstern.

Und ich will mit Opfern sprechen. Renate Winter unterstützt einige von ihnen. Gemeinsam mit ihrer sierra-leonischen Sekretärin am Kriegsverbrechertribunal hat sie eine kleine NGO gegründet. Kolleginnen aus dem österreichischen Justizministerium, dem Außenministerium, Freundinnen aus der Schulzeit und Kolleginnen in Sierra Leone haben dafür Geld gespendet. Jede dritte Frau in Sierra Leone ist während des Krieges vergewaltigt worden. „Sie waren immer Opfer, an all dem entsetzlichen Gräuel waren Frauen nicht beteiligt", sagt Renate Winter, und nun ist sie wirklich wütend: „Wenn Sie die Situation dieser Frauen sehen, dann kriegen Sie so eine Wut, aber so eine Wut, dass Sie sich wirklich den Kopf zerbrechen und fragen: Was kann ich tun?" Sie entschloss sich, „Ayodele" zu gründen, ein Projekt für Näherinnen. „Ayodele" kommt aus der Sprache der Yoruba. Es heißt: Freude kommt auf.

Je kaputter ein Land, desto teurer ist es hinzukommen. 29 Euro für einen Flug innerhalb Europas, aber 600 bis 1000 Euro für eine vergleichbare Strecke in Afrika, das ist die Norm. Und dann macht es natürlich noch einen Unterschied, ob man nach Nairobi will oder eben nach Freetown. „Ja, das wird teuer", stimmt mir die elegante, füllige Lady in einem der unzähligen winzigen Reisebüros in der senegalesischen Hauptstadt Dakar zu. An ihren Fingern mit den langen roten Nägeln glitzern gleich vier pompöse Goldringe, was natürlich nichts zur Sache tut. Mehr als 600 Euro kostet der kurze Flug mit Brussels Airlines, findet sie heraus. 430 Euro mit Arik, einer nigerianischen Fluglinie. Sonst gibt es keine Flüge vom Senegal nach Sierra Leone. Meine Skepsis ist groß, dennoch wähle ich Arik. Eine gute Wahl, wie sich herausstellt. Alle Vorurteile waren fehl am Platz. Die Nigerianer fliegen pünktlich, die Flugzeugflotte ist funkelnagelneu.

Warum die Briten den Flughafen von Freetown auf einer Insel gebaut haben, weiß heute niemand mehr so genau, doch ich bin gewarnt. Obschon auch ein wenig nervös. Normalerweise ist es ratsam, sich von afrikanischen Flughäfen von Bekannten oder vom Hotelshuttle abholen zu lassen, um den vielen Keilern zu entkommen. Doch das ist hier nicht möglich. Man kann nach Freetown hinein fliegen, erklärt man mir via E-Mail, das dauert sieben Minuten und kostet 70 Dollar. Man kann mit dem Schnellboot fahren, das dauert eine halbe Stunde und kostet 35 bis 40 Dollar. Oder man fährt mit der Fähre, das kostet fast nichts und dauert Stunden. Ich wähle das Schnellboot. Doch wo am Flughafen findet man ein Boot?

„Ist Freetown schlimm?" hatte ich Matthew, den Mitarbeiter von Human Rights Watch in Dakar, gefragt. Nein, sagte er, „actually it's quite beautiful", eigentlich ist es ziemlich schön. An diese Worte denke ich jetzt oft. Nach einer kurzen Fahrt in einem Kleintransporter durch tiefe, matschige Schlaglöcher, einem Fußmarsch zum Wasser und einer rasanten Fahrt mit dem Motorboot über den unruhigen Atlantik, bin ich endlich an der Anlegestelle in Freetown angekommen. Es ist Regenzeit, über dem Meer türmen sich dunkle Gewitterwolken. Sierra Leone ist überraschend tropisch. Grüne Hügel und Palmen, endlose leere Strände, man wähnt sich eher in der Karibik denn in einer afrikanischen Hauptstadt.

Doch natürlich ist Freetown auch schlimm. Nicht ein Meter Straße ist geteert. Die alten Holzhäuser der Briten stehen zum Teil immer noch, sie wirken wie windschiefe Kartenhäuser, so als könnten sie jede Sekunde in sich zusammenklappen. Im Human Development Index liegt Sierra Leone an drittletzter Stelle, noch schlimmer sind nur Afghanistan und Niger dran. In einigen Vierteln kleben Slumhütten dicht aneinander. Dazwischen fließen kleine Rinnsale mit Müll und Exkrementen. Die Armut stinkt zum Himmel. „Passen Sie auf", hatte mir Renate Winter noch mit auf den Weg gegeben, „in Sierra Leone gibt es gleich drei verschiedene Arten von Typhus."

Bald zehn Jahre sind seit dem Krieg vergangen, doch die Krüppel sind allgegenwärtig. Viele Männer haben keine Hände, anderen fehlen die Arme fast gänzlich. „Kurzärmelig oder langärmelig?" lautete die Frage der berüchtigten RUF, der Rebellenarmee „Revolutionary United Front". Mehr Zynismus ist kaum denkbar. Auch Beine wurden abgehackt, vor den kleinen Kirchen im Zentrum von Freetown bilden die Geschundenen mit ihren museumsreifen Rollstühlen lange Bettelschlangen. Vergleichsweise gehe es ihm da sogar gut, sagt Alhati Jusu Jarka, Vorsitzender der Amputierten-Vereinigung. Wir sitzen in einem kleinen Container-Büro im schwer bewachten, mit Stacheldraht und durch etliche Kontrollsperren gesicherten Sierra-Leone-Tribunal. Draußen weht die blaue UNO-Fahne, davor parken UN-Panzerfahrzeuge. Alhati trägt Prothesen. Lange, glatt-geschliffene, dunkle Holzpflöcke ersetzen die Unterarme, massive, martialische Eisenhaken die Hände. Damit könne er sich durchschlagen, meint er, und allein auf die Toilette gehen. Eine amerikanische NGO hat die Prothesen bezahlt. Zwei Monate dauerte die Schulung im Brooklyn Center in New York, bevor er es schaffte, damit umzugehen, erzählt der großgewachsene Mann. Der dunkle, blaue Boubou reicht ihm bis zu den Knöcheln. Alhati redet leidenschaftlich, fuchtelt mit den Händen, würde man sagen, wenn da welche wären. Als ich es nicht schaffe, seinen Namen auf Anhieb richtig zu schreiben, fährt er dazwischen. „Geben Sie her!“, sagt er und greift nach dem Kugelschreiber. Doch ihn richtig in den Eisenhaken einzuklemmen, fällt schwer, er fällt hinunter. Nach einigen beklemmenden Sekunden schaffen wir es dann schließlich doch und der große, stolze Mann schreibt in wackeligen Linien seinen Namen in mein Buch, Alhati Jusu Jarka. Es wird ein kleines Kunstwerk.

Dann erzählt er seine Geschichte. Am 6. Januar 1999, nach drei Wochen erbittertem Kampf, fielen die Rebellen in Freetown ein. „Open the door!“ Aufmachen! Es war drei Uhr früh. Alhati schafft es gerade noch, seiner 14-jährigen Tochter durch das Fenster zur Flucht zu verhelfen. Doch als er selbst entkommen will, wird er gefangen und in den Busch geschleppt. „Dort war ein Junge, etwa 18 Jahre alt“, erinnert sich Alhati lebhaft, seine Stimme ist aufgeregt. „Er hatte eine Axt in der Hand. Wir mussten uns anstellen, die anderen Rebellen hatten die Waffen auf uns gerichtet. Es waren zwei junge Männer vor mir in der Reihe. Der Junge hackte zuerst dem Ersten beide Arme ab, dann gab ein Anderer Befehl und der Mann wurde erschossen. Das gleiche passierte mit dem Zweiten. „Mein Schicksal war besiegelt. Ich bettelte um mein Leben, doch der

Junge platzierte ungerührt meine Arme auf den Stamm des Mango-Baumes.“ Alhati hebt die Prothesen, deutet an, was dann passiert ist. „Ein Arm nach dem anderen fiel.“ „Mach ihn fertig!“, hörte er eine Stimme hinter sich sagen. Doch eine andere meinte, „der stirbt ohnehin, vergeuden wir nicht unsere Munition“. „Sie schickten mich weg“, sagt Alhati. „Ich schleppte mich zurück zu meinem Haus, nicht wissend, ob ich in dieser Welt war oder schon in der nächsten, so heftig rann das Blut herunter.“ Schließlich fand ihn seine Frau. Gemeinsam harrten sie vier Tage aus, bevor sie gerettet wurden. Ohne Wasser, ohne Nahrung, ohne ärztliche Versorgung.

Patrick Fatoma hat der Schilderung ruhig zugehört. Ihm gehört das Büro, in dem wir sitzen. Der junge Jurist im legeren grünen T-Shirt kennt Hunderte ähnliche Leidensgeschichten. Im Zimmer neben ihm arbeitet sein Chef, Peter Andersen, Sprecher des Sierra-Leone-Tribunals und Leiter des „Outreach-Programms“. Das Outreach-Programm ist ein Novum in der internationalen Gerichtsbarkeit. Damit soll sichergestellt werden, dass die Menschen draußen, egal ob in Freetown oder im abgeschiedenen Dorf, wissen, was drinnen im Gericht vor sich geht. DVDs, Tonbänder, Bilder und Fotos, hinter Patrick türmt sich das Arbeitsmaterial des Outreach-Programms. Die Regale wirken unaufgeräumt. „Wir sind schon am abbauen“, entschuldigt er sich. Das Tribunal hat die Hauptarbeit beendet. Insgesamt waren 13 Rädelsführer angeklagt. Zwei starben in der Untersuchungshaft, einer ist unauffindbar. Acht wurden von den elf Richtern zu 20 bis 25 Jahren Haft verurteilt. Bleibt nur noch der große Fisch: Charles Taylor. Seinen Prozess hat man sicherheitshalber nach Den Haag verlegt, in die Welthauptstadt der Gerechtigkeit. Ein Verfahren in Freetown wäre viel zu riskant gewesen, Taylor hat in Westafrika immer noch viele Anhänger.

„Schon bevor sie kam, hatte ich viel über sie gelesen.“ Patrick redet geschliffen scharf, seine Sätze sind druckreif. Auf die Frage nach Renate Winter überschlägt er sich fast vor Lob. Im Bereich der Menschenrechte und des humanitären Völkerrechts sei sie einfach spitze. „Ihre Urteilssprüche am Tribunal waren immer prägnant, immer auch im Interesse der Opfer“, sagt der smarte junge Mann. „Die Art und Weise, in der sie die Arbeit als Richterin in Angriff genommen hat, hat uns allen imponiert. Es war klar, dass ihre Erfahrung im Jugendstrafrecht, ihr Interesse für die Kinder und die Frauen hier besonders wichtig sein würden. Frauen und Kinder, müssen Sie wissen, sind in Sierra Leone äußerst marginalisiert.“ Patrick weiß, wovon er redet. Er ist Experte für Kinderrechte. Als Kind wollte er Lehrer werden, sagt er, doch dann kam der Krieg dazwischen.

„Im Gerichtssaal herrschte ein äußerst feindseliges Klima“, sagt Renate Winter. Sieben Jahre war sie am Gericht in Freetown tätig, einige davon als Präsidentin. „Es ist ein furchtbar schwieriges Umfeld für die Opfer. Die Befragung im angelsächsischen Verfahrensrecht kann besonders aggressiv werden.“ Dazu kommt der kulturelle Unterschied. Die meisten Zeugen kennen nichts anderes als ihr Dorf. Mit unseren Orts- und Zeitangaben können sie wenig anfangen, sie sind Analphabeten. Für die Anklage ist es schwierig, ohne schriftliche Belege Befehlsketten nachzuweisen. Im Gegenzug versuchen Verteidiger, darunter ein britischer Staranwalt, die Opfer zu diskreditieren, indem sie sie zu Widersprüchen verleiten. „Das ist ihr Job“, sagt Renate Winter. Ein Verhör würde sich zum Beispiel so vollziehen: Frage: „Waren Sie in dem Jahr an dem Ort?“ Antwort: „In welchem Jahr meinen Sie? Meinen Sie vielleicht in dem Jahr, in dem der Reis bei uns verbrannt ist? Oder damals, als in der Regenzeit das ganze Dorf überschwemmt war?“ Man einigt sich auf die Regenzeit. „Ja, mag schon sein, dass der Zeuge da war, aber er kann ja nicht einmal präzisieren, ob im Januar oder im Dezember", folgt darauf umgehend der Triumph der Gegenseite, „schließlich gibt es im Land zwei Regenzeiten." „Mit solchen Dingen umzugehen, ist unglaublich schwierig. Auf diese Weise kann man Menschen problemlos fertigmachen", sagt die Juristin. Für geschundene, vergewaltigte, traumatisierte und gesellschaftlich stigmatisierte Frauen sei das natürlich noch schlimmer. „Um sie kümmert sich niemand."

Ayodele Enterprise, 34, Adelaide Street. Die NGO der kämpferischen Richterin ist nicht weit vom Tribunal entfernt. „We specialize in ladies dresses, carpets, slippers, men shirts and bags", steht auf dem Wellblech über dem Eingang. Drinnen ist etwa so viel Platz wie in einer kleinen Garage. Fünf Frauen sind zurzeit gerade da und zwei Lehrer. An den Wänden hängen handgefertigte große Taschen aus bunten Stoffecken zusammengenäht und farbenprächtige Kleider für Frauen und Kinder in traditionellen Stoffen. Auf zwei Tischen stehen alte Nähmaschinen. Es ist gemütlich. Wir sitzen, knipsen freundliche Fotos und plaudern ein wenig, obwohl die Verständigung nicht ganz leicht ist. Die Frauen sprechen Mende und nur wenig Englisch. Meist können Afrikaner mehr als eine Sprache, häufig sogar beeindruckend viele. Bloß die offizielle Amtssprache der hauptstädtischen Elite ist oft nicht darunter. „Judge Winter", die Frau Richterin, und Madame Buck, ihre Mitarbeiterin, kennen die Frauen gut. Das Nähprojekt mache ihnen viel Freude, sie würden gerne weiter lernen, sagen sie, obwohl ihr Kurs jetzt zu Ende ist. Nach dem Abschluss erhalten die Frauen ein Diplom, ein wenig Geld und eine Nähmaschine. Für den Start in ein neues Leben.

Ob sie mit mir über ihre Erlebnisse im Krieg reden würden, frage ich schließlich und bin überrascht über das unerwartete Kopfnicken. „Ja, ich fang an“, sagt Martha und setzt sich neben mich. „Ich war erst 15. Sie haben mich vergewaltigt.“ Martha spricht leise, sie hat dicke, fleischige Lippen. Dahinter klafft eine kleine Zahnlücke. Die Haare hat sie streng nach hinten gekämmt, die weiße Bluse und der braune Rock sind schlicht. Einer der Männer hilft beim Übersetzen, wenn ich ihr Englisch nicht verstehe. „Meinen Vater haben sie umgebracht, sie haben ihn erschossen.“ Ihr sei es schließlich gelungen wegzulaufen. Viele Tage habe sie sich im Busch versteckt.

Bald darauf bemerkte Martha, dass sie schwanger war. „Children of hate“ nennt man solche Kinder, „Kinder des Hasses“. Heute lebt die zierliche Frau zurückgezogen und allein in der Stadt, das Kind hat nicht überlebt. „Im Dorf gibt es niemanden mehr“, sagt sie. „Alle Verwandten sind tot.“ Die anderen schütteln traurig den Kopf. Allein zu sein gehört in den clan- und familienorientierten Gesellschaften Afrikas zum Schlimmsten. Martha hat Tränen in den Augen.

Neben ihr sitzt Gloria, sie wirkt etwas älter. Gerade noch fröhlich, hält sie sich nun die Hände vor das Gesicht. Sie schluchzt und schluchzt. Golda, eine große, stolze Frau am Tisch gegenüber, vertieft sich stumm darin, Stoffecken für die Taschen auszuschneiden. Viereck für Viereck. Dazwischen macht sie lange Pausen und versinkt in Gedanken. Dann wieder durchschneidet die alte schwere Schere mit lautem metallischem Klang die drückende Stille.

Am Ende beginnt auch Miriam zu erzählen. Sie ist 26, redet leise und wirkt besonders schüchtern. „2001 haben sie mich aus dem Dorf geholt“, sagt sie. Miriam ist groß und schlank, sie trägt ein hellblaues Kleid mit Blümchen und tiefem Ausschnitt. Darunter schimmert ihre makellose, kaffeebraune Haut. Um den nackten Hals trägt sie ein dünnes Silberkettchen mit einer weißen Perle. Die großen schwarzen Augen sind tief und geheimnisvoll. In einem anderen Land, zu einer anderen Zeit, hätte sie vielleicht Model werden können.

Doch nicht in Sierra Leone. Miriams Martyrium dauerte gut ein Jahr. „Sie haben mich im Busch festgehalten. Es waren vier Männer, zwei jüngere und zwei ältere.“ „They used me“, sagt sie. Sie haben sie vergewaltigt, einer nach dem anderen. Tag für Tag. Wenn sie kämpfen gingen, hätten sie sie eingesperrt. Oft für zwei, drei Tage, schildert Miriam. Jetzt weinen wir alle.

Wenn Charles Taylor im Gerichtssaal in Den Haag solchen Geschichten lauscht, reibt er sich oft die Hände, so als mache ihm gerade jemand einen interessanten Vorschlag. Wie ein Scheusal sieht er nicht aus, eher wie ein Bankdirektor, in seinen Maßanzügen, der stets makellos gebundenen Seidenkrawatte. Es sind schöne, gepflegte Hände mit einem großen goldenen Siegelring und einer goldenen Uhr. Lange haben die Mächtigen der Welt dem Herrn Präsidenten seine Unschuld abgenommen. Erst spät ist man von ihm abgerückt. Viel zu spät.

Begonnen hatte Taylors Aufstieg 1989. Der Kalte Krieg ist zu Ende, die USA hatten Diktator Samuel Doe fallen lassen, Taylor sieht seine Zeit gekommen. Mit Unterstützung Libyens und mit Hilfe eines kleinen Rebellenheeres, das er im benachbarten Côte d'Ivoire anheuert, marschiert er am Heiligen Abend in seinem Heimatland ein. Auf ihrem Weg an die Macht plündern, töten, vergewaltigen und terrorisieren Taylors Männer gnadenlos. „Nationale Patriotische Front“ nennt sich der Haufen, der bald nur noch aus Kindersoldaten und verwilderten, drogensüchtigen armen Teufeln besteht. Nach vier Jahren gibt es bereits mehr als 150.000 Tote und rund eine Million Flüchtlinge. Doch Taylors Gegner sind nicht viel zimperlicher. Am Höhepunkt des 14-jährigen Bürgerkriegs terrorisieren bis zu sieben Rebellenfraktionen und die Reste der regulären

Armee die Zivilbevölkerung. Wer eine Kalaschnikow ergattern kann, gründet eine eigene Bande und versucht noch grausamer zu sein als der andere.

Beim Bürgerkrieg im benachbarten Sierra Leone hat Taylor von Anfang an seine Finger mit im Spiel. Der mächtige Rebellenführer Foday Sankoh ist sein Freund. Die beiden haben das gleiche Ziel, nämlich die Macht. Sankoh liefert Diamanten, Taylor kauft dafür Waffen. Damit hält er das Gemetzel im eigenen Land am Köcheln, während Sankohs RUF-Rebellen nebst anderer Gräuel massenweise Hände abhacken, auch die von Babys und Kleinkindern. Meist nur so, zur Einschüchterung.

1997 beugt sich Taylor dem Druck von außen und lässt in Liberia Wahlen abhalten. Der Kriegsfürst präsentiert sich als kultivierter Mann, als smarter Politiker. Man nimmt ihm seine Läuterung ab, Westafrika hofft auf Frieden. Der ehemalige US-Präsident und Wahlbeobachter Jimmy Carter findet gar, „die Wahl und der Übergang zur Demokratie in Liberia grenzt an ein Wunder“. Dabei war das Lied, das Taylors Anhänger in den Straßen von Monrovia trällerten, unüberhörbar. „You killed my Mum, you killed my Dad“, lautete der Refrain, „I'll vote for you.“ Das Volk wählte ihn tatsächlich. Es wollte endlich Ruhe haben.

Und so wurde Taylor Präsident, reiste ungeniert um die Welt und sammelte Geld für den Wiederaufbau. In diese Zeit fällt das Diamanten-Geschenk an Naomi Campbell. Der Auftritt des ehemaligen Super-Models im Taylor-Prozess ist 2010 ein gefundenes Fressen für die Medien, eine weite Projektionsfläche für tiefe Afrika-Klischees. „Die Schöne und das Biest“ titeln Agenturen.

Den Wahlsieg nützt der intelligente Taktiker für ein Leben in Luxus. Vor allem aber betreibt er noch nachhaltiger, was er schon immer getan hat: Er vergrößert seine Macht. Als nach kurzer Pause neue Milizen zu den Waffen greifen, folgt eine Friedenskonferenz nach der anderen. Und während sich kirchliche Hilfswerke und Scharen von NGOs um das verarmte Volk kümmern, plündert Taylor ungeniert die wertvollen Rohstoffe des von ihm kontrollierten Gebiets. „Taylorland" tauft man es bald. Eine „Außenprovinz der Hölle" nennt es ein Kommentator. Eisenerz, Tropenhölzer und vor allem Diamanten werden außer Landes geschafft und von den Multis auf dem Weltmarkt verscherbelt. De Beers, der südafrikanische Weltmarktführer in Sachen Diamanten, hatte noch bis zum Jahr 2000 eine Holding in Monrovia. Mit den Erlösen kauft Taylor Waffen und noch mehr Waffen.

Erst als eine britische Eingreiftruppe in Sierra Leone interveniert, die Rebellen-Truppe von Freund Foday Sankoh zerschlägt und die Demokratie wiederherstellt, wird es auch für Charles Taylor eng. Die neue Regierung in Sierra Leone richtet schon 2002 gemeinsam mit den Vereinten Nationen das Sierra-Leone-Tribunal ein. Mit dem Ziel, jene zu richten, die „die größte Verantwortung" für die Kriegsverbrechen in Sierra Leone tragen. Charles Taylor, damals noch Präsident Liberias, steht ganz oben auf der Liste. Ein Jahr später muss er auf Druck der USA aufgeben. Pathetisch sagt er „Good bye, I will be back" und verzieht sich ins Exil nach Nigeria. Mit vielen Millionen Dollar, versteht sich.

Er habe ihm seine Prothesen entgegengehalten, habe sie in die Höhe gerissen. „So", zeigt Alhati Jusu Jarka, der als Vertreter der Amputierten in Den Haag im Gerichtssaal anwesend war. Taylor sollte wissen, was er angerichtet hat, sagt Alhati. Die rot unterlaufenen Augen funkeln in seinem dunklen Gesicht. Doch Taylor habe bloß den Kopf weggedreht. Gleich drei Mal führt Alhati vor, wie lässig und hochnäsig

Taylor seinen Kopf zur Seite wendete. So sehr empört es ihn noch immer.

Am letzten Tag in Sierra Leone fahre ich noch einmal zu den Frauen im Nähprojekt, um mich zu verabschieden. Sie sind guter Dinge. Erstmals in der Justizgeschichte hat das Sierra-Leone-Tribunal sexuelle Ausbeutung von Frauen als Verbrechen gegen die Menschlichkeit definiert und wegen „erzwungener Ehe“ Gefängnisstrafen verhängt, ein Meilenstein. Ich verspreche, der Frau Richterin und den Frauen in Österreich Grüße und ihren Dank zu übermitteln, dann muss ich zum Flughafen. Die breite, staubige Straße vor dem kleinen Laden wirkt friedlich in der Mittagshitze, fast wie im Dorf. Eine Gruppe schwatzender kleiner Mädchen in adretten Schuluniformen geht vorbei. Hinter ihnen schlendert ein junger Mann, die Arme sind nackt und laufen unten zu Stümpfen zusammen. Er hat keine Hände.

*Sierra Leone, Uganda*

# Als ob die Sonne uns nicht mehr sehen will

## Begegnungen mit Kindersoldaten

„Wie viele hast du umgebracht?“, frage ich Bashiru auf dem Sportplatz im Universitätsgelände von Freetown. Wir sitzen auf einer Stufe der niedrigen Tribüne an der Stirnseite des riesigen Platzes. Am anderen Ende steht ein mächtiger alter Baobab. Paul, der Fahrer, der mich hier hergebracht hat, hat sich dezent einige Stufen oberhalb von uns niedergelassen. Einen von „denen“ zu treffen, war ihm nicht geheuer. „Geh' ja nirgends mit ihm hin“, hatte er eindringlich gewarnt. Die Einladung des jungen Mannes, das Gespräch in einem ruhigen Studentenzimmer zu führen, lehne ich denn auch dezidiert ab. Und so sitzen wir in der prallen Sonne und schwitzen. Aber zumindest ist es auch hier ruhig, außer uns ist weit und breit niemand zu sehen. Bashiru sieht nett und adrett aus, sein hellgraues Hemd ist blitzsauber, wie frisch aus dem Kleiderschrank. „Wie viele?“ Das wisse er nicht, sagt er leise. „Was soll das heißen, du weißt nicht, wie viele?“, frage ich. „Wir haben sie nicht gezählt“, sagt er. „Es waren zu viele.“

„We raped, we looted and we killed. Das Muster war immer gleich“, sagt Bashiru. Oft, so erzählt er, seien sie zwei, drei Wochen im Busch unterwegs gewesen. Von Dorf zu Dorf, „vergewaltigen, plündern, morden. In diesen Momenten war ich nicht ich selbst“, sagt er. „Ich war nicht bei Bewusstsein.“ Dann wird er noch leiser. „Wir waren doch Kinder.“

Als erstes Gericht weltweit hat der Sondergerichtshof für Sierra Leone den Einsatz von Kindersoldaten zum Verbrechen erklärt. Ein Novum in der Justizgeschichte. Zu verdanken ist die Zulassung des Verhandlungspunkts „Kindersoldaten“ der juristischen Argumentation der Österreicherin Renate Winter. Fünf Angeklagte wurden dafür in Sierra Leone verurteilt. Und auch unter den elf Anklagepunkten gegen Charles Taylor findet sich die „Rekrutierung von unter 15-Jährigen in den bewaffneten Dienst“.

Auf Fünf- bis Zehntausend hat man die Zahl der Kindersoldaten in Sierra Leone geschätzt, sagt Renate Winter. Aber nur einige Hundert haben sich bei den Abrüstungskonferenzen gemeldet. Der Rest ist untergetaucht. Ziellos irren sie durch die breiten Gassen von Freetown, schlagen sich mit Gelegenheitsjobs durch oder sind kriminell geworden, manche auch verrückt. Tickende Zeitbomben.

Bashiru spricht hervorragend Englisch, seit drei Jahren ist er an der Uni. 24 ist der adrette Student heute, er wirkt aber jünger. Peter Andersen, der Leiter des „Outreach-Programms“ beim Sierra-Leone-Tribunal, kümmert sich seit Jahren um den Jungen, greift ihm auch finanziell ein wenig unter die Arme. Die Rebellenarmee umfasste etwa 8000 Mann, erzählt Bashiru, aufgeteilt in Subgruppen, jede mit einem eigenen Kommandanten. Drei- bis vierhundert Kinder seien darunter gewesen. Wie er selbst, wurden die meisten bei Überfällen auf Dörfer rekrutiert. Bereits in seine erste Mahlzeit mischten sie Drogen, erzählt er und wischt sich einige Schweißperlen von der Stirn. Unter der prallen Sonne wird es immer heißer. „Ich hatte solche Angst, alles begann sich zu drehen. Doch die anderen haben nur gelacht.“ Jetzt schaut er mir direkt in die Augen. „Man ist von etwas beeinflusst, das man nicht kontrollieren kann.“ Bashiru weiß, dass er erzählen muss, um das Trauma zu überwinden. Lange habe er Albträume gehabt, sagt der ehemalige Kindersoldat. Doch er bete sehr viel, nicht nur zu Allah, sondern auch zum christlichen Gott. Zuletzt hätten die Träume aufgehört.

Bashiru ist nicht der erste Kindersoldat, dem ich gegenübersitze. Der erste war Johacim in einem Dorf in Norduganda. Sag mal, hast du auch deine Eltern umbringen müssen? Hast du auch jemanden zerhackt? Hast du auch die gerösteten Genitalien deiner Opfer um den Hals getragen oder Amulette? Und geglaubt, du seist deshalb unsterblich? Nein, natürlich fragt man all das nicht. Zumindest nicht beim ersten Mal. Die Vorstellung, was der 14-jährige Johacim durchgemacht hatte, schnürte mir damals die Kehle zu. Wie Bashiru redete auch Johacim sehr leise und machte lange Pausen. Dazwischen zupfte er am Gras.

Wie Monster wirkten weder Johacim in Uganda noch Bashiru in Sierra Leone. Und sie sind es zugleich doch. Das macht den Umgang mit Kindersoldaten so schwierig. Kindersoldaten sind schließlich immer Täter und Opfer zugleich. Ausgehungert sind sie, verwirrt und wütend. In den wenigen Therapiezentren der einschlägigen NGOs werden sie meist schweigsam und verschlossen.

„Alles, was wir wissen, ist, dass wir vor dem Krieg Kinder waren und jetzt sind wir es nicht mehr“, sagt der Kindersoldat Agu im mittlerweile von der Kritik hochgelobten Romandebut des nigerianisch-amerikanischen Schriftstellers Uzodinma Iweala. Das schmale Buch trägt den Titel „Beasts of No Nation“. Jahre nach der Begegnung mit Johacim in Uganda fand ich es in einer Buchhandlung in Nairobi. Plötzlich war da ein Kindersoldat, der sich tief in seine Seele blicken lässt. Dieser Agu des jungen Autors beantwortet die Fragen, die Johacim und Bashiru offen lassen. Agu lässt einen teilhaben an der Seelenqual eines Kindes, das in eine Welt gezwungen wird, die an Grausamkeiten kaum zu überbieten ist. Oft träumt Agu vom Dorf, weiß aber sogleich, dass das nicht sein darf. „Das war vor dem Krieg“, wischt er die Erinnerung umgehend fort. „Ich erinnere mich daran nur wie im Traum.“ Schließlich zerhackt Agu eine Frau und deren Tochter. Die Grenzen zwischen Gut und Böse sind endgültig dahin, beim Töten findet er keinen Unterschied mehr zwischen Mensch und Tier. „I am not knowing what is farmer and what is goat“, sagt er in jenem kunstvoll verfeinerten Pidgin-Englisch, das die konkrete Erfahrung literarisiert und fühlbar macht.

250.000 Kindersoldaten gibt es laut UNICEF, dem Kinderhilfswerk der Vereinten Nationen, rund um den Globus. Eine grobe Schätzung, verlässliche Zahlen gibt es nicht. Viele Kinder in den Dörfern oder Slums haben keine Geburtsurkunde. In den langwierigen Konflikten wachsen sie oft aus dem Kindesalter hinaus. Meist leben und sterben Kindersoldaten, ohne dass jemand im reichen Norden Notiz davon nimmt. Unter ihnen sind auch viele, die niemals eine Waffe besessen, geschweige denn benutzt haben, wie Träger, Köche, Sex-Sklavinnen. Auch sie fallen unter den Begriff „Kindersoldaten“. Einer deutschen Untersuchung in Uganda und dem Kongo zufolge, litt jeder dritte Befragte unter schweren posttraumatischen Störungen. Mehr als die Hälfte der Kinder gab an, jemanden getötet zu haben. 84 Prozent sind geschlagen worden, fast 70 Prozent haben zugesehen, wie ein anderes Kind getötet oder verwundet wurde. „Hast du nie an Flucht gedacht?“, frage ich Bashiru in Freetown. „Nein“, antwortet er und erzählt von einem etwa 15-jährigen, sehr großen, kräftigen Jungen. Den hätten sie zurückgebracht und vor versammelter Truppe so lange geschlagen, bis er tot war.

„Man ist als Berichterstatter gut beraten, ihren Weg nicht zu kreuzen“, sagt Bartholomäus Grill über die Kindersoldaten in Sierra Leone. In der Wochenzeitung „DIE ZEIT“

beschreibt er, wie er sich 2003 in Freetown von einer Rotte Halbstarker umzingelt sieht. „Die Kerle waren aufgepeitscht und fahrig, sie fuchtelten mit Kalaschnikows und Panzerfäusten herum“, schildert der Afrika-Chronist die ungemütliche Begegnung. Kindersoldaten mit Macheten und Handgranaten, mit Nike-Sneakers, dunklen Sonnenbrillen und Kung-Fu-Jacken, an denen Nähkissen, Kaurischnecken, Plastiktüten und Amulette baumeln, die sie unverwundbar machen sollten. Eine „bizarre Kombination aus Busch-Archaik, Markenkult und Waffenfetischismus“, so Grill über das Outfit der mit Drogen vollgepumpten Kämpfer.

Den weltweiten Rekord an Kindersoldaten halten zweifellos die Rebellen der LRA, der „Lord's Resistance Army“. Johacim war nur einer von ihnen. Allein in ihrer Heimat Uganda hat die „Widerstandsarmee des Herrn“ unter ihrem obskuren, christlich-fanatischen Anführer Joseph Kony geschätzte 30.000 Kinder entführt und misshandelt. Die Angst, verschleppt zu werden, führte zu einem der schrecklichsten Phänomene, über die ich je zu berichten hatte. In Gulu, der größten Stadt des durch Krieg und Unterdrückung völlig verarmten Norduganda, wiederholte sich Abend für Abend ein sonderbares Schauspiel. Weil sie sie nicht schützen konnten, schickten die Eltern ihre Kinder abends aus den Dörfern weg. Kaum wurde es dunkel in Gulu, strömten sie in die Stadt. Zunächst kamen einige Grüppchen, dann immer mehr. Am Ende glich die Menge einem biblischen Elendszug, der nie zu enden schien. Manche schleppten kleine Bündel am Kopf, andere waren in Decken gehüllt, einige der Größeren trugen Schaumgummimatratzen. Doch die meisten hatten nur das, was sie am Leibe trugen. Ein Kleid, eine Hose, einen alten Pullover, ein löchriges T-Shirt. Schuhe hatten die wenigsten. Viele der Kinder waren so klein, dass man sie hätte aufheben und tragen müssen. „Night commuter" nannte man diese Kinder. „Kinder der Nacht" taufte ich meine Reportage. Sie schliefen in verschiedenen Gebäuden der Stadt, auf kalten Gängen, in windigen Höfen, auf harten Schulbänken. Oft wurden ihre nackten Füße von Ratten angeknabbert. Noch vor den ersten wärmenden Sonnenstrahlen standen sie wieder auf, sammelten gähnend, verschlafen und hungrig ihre wenigen Habseligkeiten ein und zogen wieder hinaus in die Dörfer, die nicht selten ein, zwei Stunden entfernt lagen.

Erst 2006, nach 20 Jahren Verwüstung, kehrte Ruhe ein in Norduganda. Nach gescheiterten Friedensverhandlungen verzogen sich die LRA-Rebellen in den Südsudan und zwei Jahre später in den Nordosten des Kongo. Joseph Kony steht mittlerweile auf der Fahndungsliste des Internationalen Strafgerichtshofs in Den Haag. Heute wird der Kern seiner Truppe nur noch auf ein paar Hundert Mann geschätzt. Doch mit im Schlepptau haben sie Tausende entführte Frauen und Kinder, Arbeitssklaven aus dem Kongo, aus dem Südsudan und aus der Zentralafrikanischen Republik. In kleinen Gruppen machen die Rebellen, die meisten davon selbst schon ehemalige Kindersoldaten, das weitläufige Grenzgebiet zwischen diesen drei Staaten unsicher. Wie sehr, das haben sie zuletzt im Dezember 2008 bewiesen. Als Rache für einen ugandischen Großangriff töteten sie in einer Kirche in der kongolesischen Stadt Faradje 143 Bewohner. Hunderttausende Menschen sind auch heute noch vor der LRA auf der Flucht.

Brigadier Sam Kolo war 20 Jahre lang der Sprecher der Gruppe. Die Nummer drei der LRA, nach dem verrückten Anführer Joseph Kony und dem Strategen Vincent Otti. 2005 hatte sich der stattliche, schlanke Mann der ugandischen Armee ergeben und steht seither unter ihrem Schutz. Erstmals sprach er damals offen vor einer Fernsehkamera. „Viele der Kinder waren freiwillig da“, sagte er, andere habe Kony tatsächlich mit Gewalt genommen. „Aber wissen Sie, das machen doch alle Guerilla-Bewegungen der Welt.“ „Haben Sie Gräueltaten gegen Kinder ausgeführt?“, frage ich ihn und schaue direkt in seine rot unterlaufenen Augen. Augen eines Massenmörders, denke ich. Nein, natürlich habe er selbst niemanden getötet und es auch nicht befohlen, sagt er und grinst. Warum, ist schwer zu deuten. Aus Unsicherheit, aus Überlegenheit, aus Schuldbewusstsein? „I was in the headquarter“, betont er immer wieder. „Ich war ja nur im Hauptquartier, da müssen Sie schon die Kämpfer fragen, ob die Kinder umgebracht haben.“

Ob er auch Hände abgehackt hat, muss ich von Bashiru in Sierra Leone nun doch noch wissen, obwohl es nicht leicht fällt, die Frage zu stellen. „Nein“, sagt er, „das hat bei uns der Kommandant selber gemacht. Er hat viele amputiert.“ Die Hände seien in Reissäcke gepackt und demonstrativ in der nächsten Stadt ausgeleert worden.

In Uzodinma Iwealas Buch „Beasts of No Nation“ will nicht einmal die Sonne Zeuge der Gräuel sein, die die mit „Gun juice“ zugedröhnten Killer verüben. „Wir sind im Camp“, sagt Agu, der Kindersoldat, „und ich sehe, wie hinter dem Hügel die Sonne untergeht, wie wenn sie uns alle nicht mehr sehen will.“

Wie soll ich mich bloß von ihm verabschieden? Die Frage hämmert in meinem Hirn, als mich Bashiru schweigend zum Auto begleitet. Kann ich ihm die Hand geben, oder soll ich einfach „bye-bye“ sagen? „Nice to meet you“? Fahrer Paul sitzt schon im Wagen und drängt zum Einsteigen. Spontan entscheide ich mich für den Handschlag. Versöhnung, denke ich, ist doch wichtiger als die Schrecken der Vergangenheit.

Doch in dem Moment, in dem ich seine warme Hand in der meinen spüre, muss ich unweigerlich an Martha denken, an Grace, an Miriam, an jahrelange Qualen und aufgeschlitzte Frauenkörper. Und ich schäme mich dafür, dass ich im Begriff war, ihm zu vergeben.

*Mali*

# Ein Schluck für die Ahnen

## Das Land der Dogon

Immer, wenn Pygmäe Bier trinkt, neigt er das Glas und lässt ein paar Tropfen auf den staubigen Boden fallen. Es ist der Schluck für die Ahnen. Pygmäe ist Reiseführer im Herzen Malis, seit vielen Jahren führt er Touristen. Englisch habe er innerhalb eines Jahres gelernt, erzählt er. Französisch, Bambara und die Dogon-Dialekte spricht er sowieso. Wir sind gemeinsam zehn Stunden lang mit dem Bus von der malischen Hauptstadt Bamako in seine Heimat, das legendäre Land der Dogon, gereist. Der Landstrich mit seinen vielen verstreuten Dörfern erstreckt sich im Südosten Malis bis zur Grenze von Burkina Faso. Große Teile sind UNESCO-Weltkulturerbe.

„In der wievielten Inkarnation bist du eigentlich?“, fragt Pygmäe unvermutet, so als sei es die normalste Frage der Welt. Seit Stunden sind wir auf dem uralten Fußpfad von Digibombo nach Kani Kombolé unterwegs. Die Antwort, dass es bei uns so etwas nicht gebe, erstaunt ihn. Er, sagt Pygmäe, der eigentlich Amadou heißt und nur so genannt wird, weil er auffallend klein ist, sei jedenfalls schon in der neunten.

Rund 300.000 Dogon leben in den Dörfern, von denen nur wenige direkt über eine von der EU finanzierte Straße zu erreichen sind. Weiter zu unserer Unterkunft im Dorf Endé bringt uns ein Geländewagen. Schwere Allradfahrzeuge haben tiefe Rinnen in den aufgeweichten Boden gefurcht. Die Regenzeit ist eben erst zu Ende. Wir fahren durch tiefe Löcher und überqueren überschwemmte Pfade, so breit wie Bäche. Nach Endé ist dann auch mit der Handy-Verbindung Schluss. Nun geht es nur noch mit dem Esel weiter oder eben zu Fuß. Das Erste, was man von Dörfern wie Kani Kombolé sieht, sind die Lehmspeicher mit ihren windschiefen, aufgesetzten Strohhauben, die das gelagerte Getreide vor Regen und Sonne schützen.

Es ist eine zauberhafte Landschaft, geprägt von Baobabs, den mächtigen, oft mehrere hundert Jahre alten mystischen Baumriesen West- und Ostafrikas. In der Trockenzeit sind die Baobabs besonders markant mit dem mächtigen Stamm und den vergleichsweise kurzen und dünnen Ästen, auf denen man in den Dörfern nach der Ernte das Getreide trocknet. Dann ähneln sie Tänzern, fragil und geerdet zugleich. Jetzt, kurz nach der Regenzeit, sind die Blätter satt-grün. Die fleischigen Stämme mit der zarten, silbrig-grauschimmernden Rinde sind vollgesogen mit Wasser. Jeder Stamm kann mehrere tausend Liter speichern. Der Baobab ist das Kamel der Pflanzenwelt, er ist perfekt an die trockene Savanne angepasst. In der gleißenden Sonne wirken Baobabs trutzig, im sanften Abendlicht gespenstisch, im Morgengrauen fröhlich. Baobabs sind Bäume für Märchen und Legenden. Der Teufel, heißt es, habe sie aus der Erde gerissen und dann kopfüber in den Boden gerammt, so dass nur das verästelte Wurzelwerk in den Himmel ragt. Einer anderen Legende nach war der Baobab den Göttern bei der Erschaffung der Welt zu eitel geraten. Stets wollte er mehr als die anderen Bäume, mehr Platz, zartere Früchte, eine feinere Rinde. Als er dann auch noch goldene Blüten wollte, reichte es den Göttern. Erzürnt rissen sie ihn aus und steckten ihn verkehrt in den Boden. Die Dogon glauben, dass in den Baobabs die Ahnen leben.

Vermutlich weil sie nicht zum Islam bekehrt werden wollten, flohen die Dogon vor mehr als 800 Jahren in ihren heutigen, kargen Lebensraum. Außer Zwiebeln, die täglich bewässert werden müssen, wächst in den Ebenen kaum etwas. „Als ich jung war“, sagt der alte, runzelige Fetisch-Priester, „da wohnten wir noch oben in den Felsen." Und er zeigt hinauf zur Falaise, dem beinahe senkrechten Absturz, der gleich einer Steilküste Hunderte Meter hoch über die Ebene empor ragt. Unter den schützenden Felsüberhängen kleben kleine Lehmbehausungen und Speicher wie Bienenwaben. Die Höhlen, ganz oben in der Wand, dort wo man nur noch mit Seilen hinkommt, waren die Wohnungen der Tellem. Ein sagenhaftes Volk von kleinwüchsigen, angeblich rothäutigen, Pygmäenähnlichen Menschen, die von den Dogon verdrängt wurden. Die Dogon haben dann weiter unten ihre kleinen, schiefen Lehmhüttchen und Speicher an den Fels gebaut. Sie stehen auf Stelzen oder hocken auf Felsvorsprüngen. Die sanft-weiche Form des Lehms und seine sonnengebleichte, rotbraune Farbe verschmelzen mit dem eisenhaltigen Fels. Zu den Häusern hinaufzuklettern, erfordert einiges Geschick.

Die Dogon sind Muslime oder Christen, vor allem aber sind sie Animisten. „Ich halte das so", sagt Pygmäe: „Am Freitag bin ich Moslem, am Sonntag Christ, und die restliche Zeit bin ich Animist." Die Naturreligionen sind starke Mächte in Afrika. Die anderen behandelt man eher entspannt. Nach dem Motto: Ein Gott mehr kann nicht schaden. Der Schöpfergott der Dogon-Kosmologie heißt Amma. „Alles kommt von Amma, das Universum ist so lang und so tief wie Amma", sagt der Fetisch-Priester. Ein loser Umhang aus großen, hellblauen Stoffbahnen umwallt seinen schlanken, schwarzen Körper. Seine wenigen verbliebenen Zähne sind schief und schwarz. Bestimmte Orte darf ausschließlich er betreten. Seine kleine Lehmhütte ist nicht viel größer als das Bett aus groben Holzstämmen. Rund herum, auf dem kühlen Lehmboden, stehen gelbe Kalebassen, schmierig-milchige Gläser und kleine, abgewetzte Plastikschüsseln mit Kräutern, Samen, Wurzeln und Pulvern. Über uns, auf dem kühlenden Strohdach vor dem

Haus, hängen Fetischpüppchen, Lederbeutel, Tierfelle, eine Waage aus zwei Fruchtschalen und einige kaum identifizierbare, rostige Werkzeuge. An der Wand lehnen metallene Speere. Daneben stehen einige große Figuren, die mit einer dünnen Staubschicht überzogen sind, und zwei reich verzierte Holzpfähle. Eine seltsame, fremde Welt.

Von den Einteilungen der Zwiebelfelder über die Form der Hütten bis zur Ausrichtung der Speicher nach den Himmelsrichtungen – alles ist dem religiösen Weltbild der Dogon unterworfen. Ein Weltbild, geprägt von komplizierten Mythen und vielen Tabus. Die berühmten holzgeschnitzten Türen und die Giebel der Lehmhäuser sind mit unzähligen Masken und totemistischen Tierzeichen verziert. In den Togunas, den „Maisons de Palaver", hocken die Dorfältesten zusammen und besprechen die anstehenden Probleme. Von aktuellen Fragen über alltägliche Belange des Dorfes bis hin zu den letzten Dingen des Lebens. Die offenen, niedrigen Versammlungsorte ruhen auf den acht Säulen der Urahnen. Das flache Dach ist mit Stroh bedeckt, je erfolgreicher die Ernte war, desto dicker das Dach. Die Togunas sind so niedrig, dass die Männer darin nicht aufrecht stehen können. Das hindert sie daran, während des Palavers empört aufzuspringen. Im Sitzen und Liegen löst man Probleme schließlich gelassener.

Die Wohnhäuser sind kühle Oasen, die Mauern, die Giebel und Bögen sind so sanft, dass die Hände stets versucht sind, darüberzustreichen. Die Lehmbauweise ist eine der ältesten Bauweisen des Menschen, die Hände spüren das. Oft sieht man Männer, die eine neue Lehmschicht über die alte legen, zart und entrückt, als seien sie verliebt. Die Häuser und die stolzen kleinen Lehmmoscheen brauchen ständige Pflege. Eine der wenigen Tätigkeiten im Dogonland, die ausschließlich Männerarbeit ist. Alles andere machen die Frauen. „Frauen zählen hier nichts“, schimpft Hawa Teipi, genannt Inna. Ihre traditionelle, von den Eltern arrangierte Heirat ist schief gegangen, jetzt, mit Anfang 20, lebt sie in der Stadt und kommt nur noch selten zu Besuch. Dogon-Männer könnten ihr gestohlen bleiben, sagt sie. Für eine Dogon-Frau sei es im Dorf unmöglich, noch einmal zu heiraten, während das für Männer kein Problem sei. „Die wechseln doch die Frauen wie die Kleider.“ Nein, das hier könne man vergessen, sagt sie.

Abwanderung, Landflucht, Strukturwandel: Seit Jahrzehnten befürchten Ethnologen, die Dogon könnten verschwinden. Zeugen ihrer großartigen Kultur finden sich in den bedeutendsten Museen der Welt. Was übrig war, haben Antiquitätenhändler und Touristen aufgekauft. Im Zentralkatalog der Bibliothèque nationale de France in Paris sind mehr als 900 wissenschaftliche Veröffentlichungen über die Dogon in Mali verzeichnet, schreibt Wolfgang Lauber, ein deutscher Ethnologe, der sich ausführlich mit der Architektur der Dörfer beschäftigt hat. Die Dogon haben Weiße seit Jahrzehnten in ihren Bann gezogen. Schon in den frühen 1930er Jahren hat der französische Ethnologe Marcel Griaule die Bedeutung, den Symbolismus, die Ideenwelt und die Religion des Dogon-Kosmos eingehend untersucht und beschrieben. Mit den Menschen in den Dörfern befasste man sich allerdings erst Jahrzehnte später. Die Züricher Ethno-Psychoanalytiker Paul Parin, Fritz Morgenthaler und Goldy Parin-Matthèy führten lange Gespräche mit einigen von ihnen. Das Ergebnis war ein Buch, das zum Kultbuch der rebellischen 68er-Generation wurde. „Die Weißen denken zu viel“, diese trockene Einschätzung eines Dorfchefs gibt ihm seinen Titel.

„Die Weißen denken zu viel. Und dann machen sie viele Sachen“, erklärt der Alte den Analytikern. „Und je mehr sie machen, umso mehr denken sie. Und dann verdienen sie viel

Geld, und wenn sie viel Geld haben, machen sie sich Sorgen, dass das Geld verloren gehen könnte und sie keines mehr haben. Dann denken sie noch mehr und machen noch mehr Geld und haben nie genug. Dann sind sie nicht mehr ruhig. So kommt es, dass sie nicht glücklich sind." Das Buch traf den Zeitgeist. „Die Protestbewegung von 1968", schreibt Paul Parin im Vorwort der dritten Auflage, hätte genug gehabt vom eurozentristischen Hochmut gegenüber „primitiven" Afrikanern.

Überraschenderweise überstanden die Dogon den Rummel um sie über die Jahrzehnte relativ unbeschadet. „Als wir Sanga verlassen mussten, waren wir überzeugt, daß die sozialen und kulturellen Einrichtungen in den Dogondörfern bisher ausgereicht hatten, den Eingriff der neuen Zeit in ihr Leben zu integrieren." Es sei den Dogon gelungen, so Paul Parin, „der entfremdenden Stilisierung, der wirtschaftlichen Not und der Islamisierung zu begegnen, ohne ihre Identität zu verlieren". 1977, nach einem dritten Besuch, stellt er fest, dass das Leben in abgelegenen Dogon-Dörfern „nicht viel anders ist als ehedem".

„Nein, die Jungen gehen nicht weg, und wenn, dann kommen sie doch alle wieder zurück", meint Amadou Antime Guindu, der Dorfälteste von Endé. Neben dem Fetisch-Priester ist er der wichtigste Mann hier. Auch ich besuche die Dörfer nun schon zum dritten Mal. Außer ein paar blitzblanken neuen Mopeds und den Handys natürlich hat sich in den letzten Jahren augenscheinlich nichts verändert. Halbnackte Kinder wuseln umher, es gibt keinen Strom, nach wie vor sind das Fernsehen und der Müll nicht angekommen.

Religion und Tradition der Dogon seien quicklebendig, sagt der Chief. Der schmächtige Mann mit dem dünnen roten Bart wirkt so gar nicht edel und schön. Sein sandfarbenes Gewand ist zerschlissen, um den dunklen Kopf hat er ein kariertes Tuch gewunden. Aus seiner Hütte kramt er einen vergilbten Ausweis aus der Kolonialzeit hervor. Zum Beweis dafür, dass er tatsächlich der Dorfälteste ist. Er ist das wichtigste Verbindungsglied zwischen den Lebenden und den Ahnen. Tagelang haben wir auf eine Begegnung gewartet. Der Alte muss ruhen, hieß es wiederholt. „Um Chief zu werden, muss man voller Kraft sein“, sagt er nun und freut sich über einen kleinen Sack Kolanüsse, den wir ihm als Gastgeschenk überreichen. Die roten, kastaniengroßen Nüsse sind ein großer Luxus, wir haben sie aus der Stadt mitgebracht. Die Alten lieben die aufputschende Wirkung der bitteren Nüsse. Sie kauen sie, bis ihr Mund rot ist und die Zähne schwarz werden.

Unter der ledernen Haut des Alten zeichnen sich deutlich die Rippen ab. Der Chief ist 67, ein beachtliches Alter. Die Lebenserwartung in Mali liegt bei 54. Alter ist etwas Besonderes in Afrika. Wenn man jung ist, erzählt Inna, dann sagt man ungern, wie alt man ist. Und wenn, dann macht man sich um fünf Jahre älter. „Ich bin also fast 30“, sagt sie und lächelt verschmitzt.

Wir trinken starken, schwarzen Tee, plaudern. Es ist Abend geworden in Endé. Aus der Lehmhütte hinter uns dringt aus einem kleinen Radio sanfte Mali-Musik. Wir sitzen unter einem riesigen Baobab, in seinen Wipfeln sind unzählige Nester. Unter aufgeregtem Gezwitscher setzt sich ein Schwarm weißer Vögel zur Ruhe. „Zunächst schuf der Schöpfergott Amma ein Ei, daraus sind die Bäume und Tiere entstanden“, sagt ein athletischer junger Mann von imposanter Größe. Sein rosa T-Shirt ist etwas zu kurz, zur hellblauen Khaki-Hose trägt er große Turnschuhe. Die Schuhbänder sind offen. Adama heißt er, er ist 24. Ohne Scheu, so selbstverständlich als ginge es um den neuesten Kinofilm, ist er bereit, mit mir über die Götterwelt der Dogon zu reden. „Alles besteht aus zwei Teilen“, erklärt er, „auch der Mensch. Ein Teil ist der Körper, der andere der Geist.“ Die Dogon fürchten sich nicht vor dem Tod, versichert mir Pygmäe seit Tagen, doch das ist schwer zu begreifen. „Wenn du krank bist“, versucht es nun Adama, „so heißt das, dass nur ein Teil krank ist. Wenn du stirbst, so stirbt der Körper, aber nicht der Geist.“ „Wenn ein alter Dogon stirbt, dann wird sein Geist in einem dreitägigen Maskentanz aus dem Dorf getrieben, damit er kein Unheil anrichtet“, sagt Pygmäe. „Und wie ist das, wenn ein Dogon fern der Heimat, sagen wir in Bamako oder in Paris stirbt?“ „Völlig egal“, meint Adama, „dann findet das erlösende Ritual genauso statt – halt ohne den Toten.“ Der Körper sei dabei nicht wichtig.

Wie der Tod auf die Welt kam, ist ebenfalls in einer Legende festgehalten. Alle 60 Jahre zelebrieren die Dogon ihr heiligstes Fest: die Feier des ersten Todes. Die berühmten, symbolträchtigen Masken werden aus den geheimen Orten in der Falaise geholt, kräftige junge Männer bringen sie zum Tanzen. Die ekstatischen Rituale sind schwer zu erlernen, sagt Adama. Sie erfordern Kraft und Geschick. Nach der Beschneidung werden die Jungen langsam in die Tradition eingeführt. „Doch wie sehr glaubt ihr denn noch an die Bedeutung der Masken?“, frage ich. Es haben sich inzwischen noch einige junge Männer zu uns gesellt.

Während wir reden, kommt aus der staubigen Seitengasse eine Herde bunt gescheckter Ziegen auf uns zu. Es sind sicher 50 Tiere oder mehr. Mitten drinnen ist ein kleiner Junge, kaum größer als die Tiere. Mit einem Stock treibt er die Herde vor sich her. Neugierig sieht er zu uns hinüber. Die Sonne steht tief, Mensch und Tier kehren heim. Wenig später kommt ein Bauer und grüßt freundlich. Er reitet auf einer Kuh. Mühelos, nur mit Hilfe eines Seils und mit einem dünnen Stock, dirigiert er das schlanke, drahtige Tier. Die rot-braune Kuhhaut glänzt in der Abendsonne. Ein starker Kontrast zu den geschundenen

Kreaturen in den Großstädten Westafrikas. Hier wirken sie weit weg, die geschlagenen Esel zwischen den giftigen Autoabgasen, die dürren Pferde, deren Rücken von den Hieben und der Last wund und blutig sind.

Die Frage nach den Masken ist offenbar nicht klar zu beantworten, es entspinnt sich eine rege Diskussion. Nein, das sei nicht mehr wirklich ernst, sagt der 40-jährige Aly. Er betreibt ein kleines Guest-House für Touristen in Endé, das Aly-Campement. „Wir tanzen zwar noch, aber das machen wir doch alles nur für die Touristen. Unter den traditionellen Gewändern tragen die Tänzer Obama-T-Shirts." Pygmäe, Adama und die anderen sind anderer Ansicht. Der wahre Glaube, das sei Amma und das seien die Masken, sagt Adama. Zum Islam würde er sich nur aus politischen Gründen bekennen. Weil Mali nun einmal ein muslimisches Land sei.

Eines Tages rief Amma die Menschen zusammen, beschreibt der Ethnologe Wolfgang Lauber eine der Mythen der Dogon, und sagte zu ihnen: „Hier sind verschiedene Dinge, die Euch von Nutzen sein können, ein jeder möge nach seinem Begehr davon nehmen." Die zuerst gekommen waren, nahmen alles, was ihnen Glück zu verheißen schien: Gold, Silber, Tiere. Nur ein hässlicher und schrecklicher Gegenstand blieb übrig. Ein Mann, der zu spät gekommen war, nahm ihn mit und versteckte ihn. Jeder, der danach seine Hütte besuchte, kehrte vergnügt wieder zurück. Alle Sorgen waren verschwunden. Nun kamen diejenigen, die die Reichtümer genommen hatten, zu dem Mann, um sie gegen den wundersamen Gegenstand einzutauschen. Aber er willigte nicht ein. Man verlangte so sehr danach, dass der Gegenstand eines Nachts aus seinem Versteck schlüpfte und verschwand. Alle machten sich auf die Suche und folgten seinen Fußspuren, denn er war zu Fuß aus dem Dorf gegangen. Für einige war dieses Ding Amma, für andere der Frieden. Der

Glaube, so die Erzählung, wurzelt in der Suche nach diesem Ding. Die Menschen suchen es immer noch.

Mit dieser Geschichte schlafe ich ein. Was nicht leicht ist. Ein Esel schreit sich seinen Weltschmerz von der Seele, noch lange wollen die Ziegen nicht ruhen. Die nächtlichen Laute aus den umliegenden Lehmgehöften wehen zu dem Dach herüber, auf dem ich unter dem üppigen Sternenhimmel eine dünne Matte und ein Moskitonetz ausgebreitet habe.

Die Ruhe der Nacht währt nur wenige Stunden. Dann erwachen die Hähne, der Muezzin ruft sanft von der kleinen Moschee herüber. Wie ein großes Orchester unter einem berühmten Dirigenten hebt das Dorf an zu erwachen. Kinder quengeln, Männer reden leise, Frauen beginnen den Staub aus den Höfen zu fegen und Hirse zu stampfen. Irgendwo bellt ein Hund. Ubuntu, denke ich, das ist diese Gemeinsamkeit, von der in Afrika so oft die Rede ist. „Ubuntu" ist ein Zulu-Wort. Es bedeutet, dass sich jeder Mensch im anderen spiegelt. Die menschliche Gemeinschaft ist ohne den anderen nicht denkbar.

Ich dagegen bin allein. Bloß ein einsamer Safari-Wagen ist in der Früh angekommen. Er gehört einem älteren Weißen, der auf einer Sahel-Durchquerung hier durchkommt. Von West nach Ost ist er unterwegs, sein Weg führt weiter über den konfliktträchtigen, muslimischen Norden Nigerias bis zum Tschad. Er schläft und lebt in seinem seltsamen Wüstengefährt. Normalerweise sollten um diese Jahreszeit viele Touristen da sein, doch die Saison ist so schlecht wie noch nie. Pygmäe, Inna, der Fetisch-Priester, der Dorfälteste, Adama und die anderen jungen Männer, alle hatten sich darüber beklagt. „Daran seid ihr Journalisten schuld, mit euren schlechten Nachrichten", schimpft jetzt auch noch der Schuldirektor von Endé. Die Eltern seiner Schüler könnten das Schulgeld, tausend westafrikanische

Francs im Monat, etwa eineinhalb Euro, nicht mehr bezahlen, klagt er. „Warum gerade Mali?“, empört sich der große, kräftige Mann in dem langen blauen Gewand. Mit seinem Zeigestab zeichnet er die Umrisse Malis vor uns in den Sand. „Da ist Mauretanien“, zeigt er, „da ist Algerien, da ist Niger, da Libyen. Warum haben denn gerade wir so viele Probleme mit dieser Al-Kaida. Warum enden so viele Geiselnahmen ausgerechnet in unserem Land? Wir hier“, sagt er schließlich traurig, „wir beten dafür, dass die Weißen wieder kommen.“

*Mali*

# Nach Timbuktu

## Die Sahara im Würgegriff der Al-Kaida

„Ach, wenn du schon ins Dogonland fährst, kannst du bitte nachher in Mopti zwei Salzplatten kaufen und mit dem Bus zurückschicken?“, so lautete der Auftrag eines Freundes in Bamako, der malischen Hauptstadt. Also sind Pygmäe und ich nun in der geschäftigen Handelsstadt am Niger und kaufen Salz. Die Platten glänzen in der Abendsonne, es sind massive Blöcke, knapp einen Meter lang und 40 Zentimeter breit, jeder wiegt 30 bis 40 Kilo. Zahlreiche Händler am Hafen bieten welche an. Auch heute noch werden sie mit Karawanen von den alten Salzminen in Taoudenni tief in der Sahara nach Timbuktu gebracht. Oft sind es mehr als hundert Kamele, die im endlosen Marsch durch die Wüste ziehen. In Timbuktu werden die Platten auf große, bunte Pinassen verladen und Niger-aufwärts nach Mopti gebracht.

Jede Platte ist anders. Ich wähle zwei aus, die ich für besonders makellos und schön halte. Die Verkaufsverhandlungen finden in Bambara statt, neben Französisch die wichtigste Sprache Malis. Ich verstehe also kein Wort und auch nicht, warum die Männer nun so heftig streiten. Sicherheitshalber gehe ich beim Nachbarstand in Deckung. Inzwischen senkt sich die Sonne über dem mächtigen Fluss. „40.000 CFA, darunter gibt er sie nicht her“, übersetzt Pygmäe fluchend. Das sind mehr als 60 Euro. Er ist furchtbar wütend. „Nein, das ist tatsächlich zu viel“, sage ich und wir wollen schon aufgeben, als das Feilschen wieder von vorne losgeht. Am Ende binden kleine Jungen in der Dunkelheit schöne kräftige Bastschnüre um die schweren Blöcke und die Männer laden sie gemeinsam ins Auto. Wir haben knapp 50 Euro bezahlt, viel Geld in einem der ärmsten Länder der Welt.

Auf der Website der französischen Regierung sind das Dogonland und die Region um Mopti orange eingefärbt. Orange, das heißt Gefahr. Timbuktu liegt noch einmal 350 Kilometer weiter nördlich, dort ist die Karte bereits knallrot. Auf 300 bis 600 schwer bewaffnete Männer schätzen westliche Geheimdienste die Zahl der Al-Kaida-Kämpfer im Norden Malis. In den uneinnehmbaren Bergen von Tessalit, mitten in der Sahara, haben die Kämpfer, geführt von ehemaligen islamistischen Rebellenführern aus Algerien, ihre Rückzugsgebiete. Mehr als ein Dutzend Menschen haben sie bereits entführt, darunter Anfang 2008 auch ein Paar aus Österreich. Wolfgang Ebner und Andrea Kloiber aus Salzburg waren acht lange Monate in ihrer Gewalt. Sie waren in Tunesien gekidnappt und dann nach Mali verschleppt worden.

Noch wenige Jahre davor gab es kaum Anlass zur Sorge. Leicht zu entdecken war Timbuktu, die geheimnisvolle Unbekannte, allerdings nie. Der Landweg ist äußerst beschwerlich. Der Fahrer scheint den genauen Weg nicht zu kennen, einige Male bleiben wir im tiefen Sand stecken. Der Auspuff macht Probleme und es ist unerträglich heiß. Klimaanlage hat die klapprige Kiste keine. Rasch bildet der feine Sand eine satte, schmerzhafte Panier auf der sonnengeröteten Haut. Er setzt sich fest, auf den Wimpern, in den Ohren, im Mund. Das Fenster zu schließen erweist sich als keine Alternative. Im geschlossenen Auto steigen die Wüstentemperaturen ins Unerträgliche. Wir wählen die offenen Fenster.

Endlose, quälende Stunden dauert die Fahrt. Nur einmal erinnere ich mich an einen Stopp an einem kleinen See. Davor stehen einige winzige Hütten und es gibt sogar Coca-Cola, wenn auch warmes. Inmitten der trockenen Ebene drängt sich eine große Herde schlanker, drahtiger Zeburinder. Unter dem endlosen, in der Hitze flirrenden Himmel wirbeln die Tiere riesige Staubwolken auf. Mit ihren imposanten Hörnern sehen sie wild und kräftig aus. Es sind biblische Szenen, Projektionen, Innenwelten.

Kurz vor Timbuktu taucht hinter einer Düne eine Gruppe Tuareg auf. Die Männer mit ihren blauen Turbanen scheinen aus dem Nichts zu kommen, wie aus einer anderen Welt. Auf ihren hohen, wendigen Kamelen scheinen sie zu fliegen. Sie rasen auf uns zu, fragen schließlich aber nur nach Wasser, und sind, da wir keines übrig haben, genauso schnell wieder in der Wüste verschwunden.

Timbuktu, „la Miraculeuse". Der Name ist Synonym für Sehnsucht und für Unerreichbarkeit. Zahlreiche Abenteurer gierten danach, die fremde Stadt zu „entdecken". Timbuktu hatte den Ruf, unermesslich reich zu sein. Allerdings war Nicht-Muslimen das Betreten der Stadt strikt verboten. 1824 schrieb die französische Geographische Gesellschaft einen Preis von 10.000 Francs für den ersten Europäer aus, der Timbuktu erreicht. Bereits zwei Jahre später zog der Schotte Alexander Gordon Laing in die Stadt ein. Bloß die zweite Bedingung der Gesellschaft, Timbuktu auch lebend wieder zu verlassen, konnte er nicht erfüllen. Laing wurde erschlagen, sein Wissen mit ihm im Wüstensand begraben. Den begehrten Preis erhielt schließlich der blutjunge französische Abenteurer René Callié. „Diese Stadt wurde zum Ziel all meiner Anstrengungen", schrieb der kränkelnde Einzelgänger später in seinem Bericht. „Meine Entscheidung stand fest: Timbuktu sehen oder untergehen." Dafür verkleidet sich Callié als Araber, studiert bei den Mauren den Koran, nennt sich fortan Abdallah oder Abdallahi. Er nimmt wochenlange Krankheit und jahrelange Entbehrung in Kauf. „Ich gab die

Hoffnung, irgendein unbekanntes Land in Afrika zu erforschen, zu keinem Zeitpunkt auf", schreibt er in der Einleitung zu seinem aufsehenerregenden Reisebericht. Dabei interessiert ihn Afrika eigentlich gar nicht. Wie andere Entdecker auch ist Callié vorrangig am eigenen Ruhm interessiert. Die „Neger" verachtet er. Die Bambara etwa beschreibt der große Held europäischer Geschichtsbücher als „unsäglich dumm". „Sie werden von einer Vielzahl kleiner unabhängiger Häuptlinge regiert, die sich oft bekriegen. Kurz: Im Vergleich zu den Völkern des Islam handelt es sich um rohe, unzivilisierte Wilde, denen der Begriff Menschenwürde völlig unbekannt ist."

Als Callié endlich das Ziel seiner Träume erreicht, erfasst ihn zwar ein „unbeschreibliches Glücksgefühl", doch er zeigt sich auch enttäuscht: „Ich hatte mir von der Ausdehnung und dem Reichtum der Stadt eine viel großartigere Vorstellung gemacht, als es der Wirklichkeit entsprach. Auf den ersten Blick sah ich nur schlecht gebaute Lehmhäuser und um die Stadt herum riesige, wüstenhafte Ebenen mit gelblich-weißem Sand, die bis zum Horizont reichten, der in ein blassrotes Licht getaucht war. Eine bleierne Stille lag über der traurigen Landschaft, nicht ein einziger Vogel war zu hören."

Auch wer heute kommt, ist oft enttäuscht. Höchstens 20.000 Menschen leben noch in der sagenumwobenen Stadt. Der Glanz der ehemaligen intellektuellen Hochburg des Islam ist verblasst. Doch mit ein wenig Fantasie, viel Ruhe und genügend Zeit ist die ehemalige Größe und Bedeutung sehr wohl noch spürbar. Man atmet sie ein in den kühlen Hinterhöfen der geschichtsträchtigen Lehmhäuser, vor der Sankoré-Moschee, in der kleinen, alten Polizeistation, in der sich jeder Fremde einzufinden hat. Lange begutachtet der beleibte Officer hinter dem massiven, dunklen Schreibtisch den Pass. Schweigend lehnt er sich in seinem knarrenden Stuhl zurück, schiebt den dicken Bauch nach vorne und studiert mit düsterer Miene das Dokument. Mit einem weißen Taschentuch wischt er den Schweiß von der schwarzen Stirn. Der träge, quietschende Ventilator hat gegen die Hitze keine Chance. Erst als der laute, dumpfe Schlag des schweren Stempels die Amtshandlung beendet, macht sich im breiten Gesicht des Polizeibeamten ein freundliches Lächeln bemerkbar. „Merci", sagt er und wünscht einen schönen Aufenthalt.

In den sandigen Gassen der Stadt scheint der Geist früherer Jahrhunderte konserviert. Eingelagert im feinen Sand, den die Sahara mit jedem Windstoß in die breiten Gassen weht. Afrika als geschichtsloser, dunkler Kontinent – wer in Timbuktu war, weiß, dass das nicht stimmt. In jüngster Zeit beginnt man sich für die großartigen Handschriften und gelehrten Schätze der Stadt zu interessieren, die zuhauf in alten Truhen lagern. Südafrika hat ein Forschungszentrum finanziert, private Bibliotheken sprießen aus dem Boden.

Doch die Stadt leidet unter dem Niedergang des Tourismus. Die Fremden bleiben aus. Auch die Reisewarnungen des deutschen und österreichischen Außenministeriums führen Timbuktu dezidiert als zu meidendes Gebiet, ebenso wie das Dogonland und den Verwaltungsbezirk Mopti. Der Einkommensverlust trifft auch die Tuareg, die in Zeltlagern in der Umgebung von Timbuktu leben. „Blaue Ritter der Wüste" werden sie wegen ihrer indigogefärbten, tiefblauen Stoffe genannt. Mit ihren schweren, blickdichten Gesichtsschleiern wirken sie wie die Stadt selbst: fern, geheimnisvoll und unnahbar. „Die Tuareg haben mit Waffengewalt alle Neger ihrer Umgebung tributpflichtig gemacht", schreibt René Callié. „Sie halten sie, Banditen gleich, in Schach. Wie die Araber besitzen sie prächtige Pferde, die ihnen ihre räuberischen Streifzüge erleichtern. Die Stämme, die unter ihnen zu leiden haben, haben so große Furcht, dass drei oder vier Tuareg genügen, um fünf oder sechs Dörfer in Angst und Schrecken zu versetzen. In Timbuktu lässt man es nicht zu, dass sich Sklaven nach Sonnenuntergang außerhalb der Stadt begeben, so sehr fürchtet man ihre Entführung durch die Tuareg, die alles gewaltsam an sich reißen, was ihnen in die Hände fällt."

Ich hatte einen ansehnlichen Preis vereinbart, um mich von einem dieser blauen Männer hinaus in die Wüste begleiten zu lassen. Wir einigen uns auf zwei Stunden. Auf dem Rücken eines eigensinnigen und unwilligen Kamels scheint das mehr als genug. Schon nach kurzem Ritt wird das dornige Gestrüpp, das die Wüste rund um Timbuktu prägt, spärlicher, die Weite wird noch weiter, die Formen werden noch sanfter, der Sand tiefer. Die Dünen werden höher, die Kamele brauchen viel Geschick, um sie zu erklimmen. Schon sehen alle Himmelsrichtungen für mich gleich aus. Auf einer Düne machen wir Pause. Die Tuareg sprechen Tamaschek, eine Berbersprache. Mit wenigen Brocken Französisch versuchen wir Konversation zu treiben. Es sind die üblichen Fragen: Woher kommst du? Bist du verheiratet? Hast du Kinder? Ich antworte brav, obwohl ich lieber schweigen würde. Schließlich ist man nicht jeden Tag mit einem Tuareg allein in der Sahara. Doch er ist hartnäckig. Ob ich ihn nicht heiraten könnte und mitnehmen nach Europa, fragt er nun. Ich muss lachen. Oder soll ich doch weinen? Ich bin weit und lange gereist, um Timbuktu und die Tuareg zu sehen. Und dann sehnt sich der Wüstensohn mit seinen geheimnisvollen, dunklen Augen auch bloß nach den Verheißungen Europas. So wie alle anderen. Es ist eine verkehrte Welt.

Etwa eineinhalb Millionen Tuareg leben in Mali, Niger, Algerien, Libyen und Burkina Faso. Sie ziehen zwischen den

Sahel-Staaten hin und her, Grenzen interessieren sie nicht. Sie sind außerordentlich mobil, das haben sie mit den Terroristen der AQIM, der „Al-Kaida im Islamischen Maghreb“, gemein. Terrorexperten vermuten, dass die Tuareg den Terroristen Geiseln in die Arme treiben oder an sie weiterverkaufen. Beweise dafür gibt es nicht, doch viele Malier werfen den Tuareg ein Doppelspiel vor, da sie bei Lösegeldverhandlungen oft als Unterhändler fungieren.

Das Band der Sahel-Staaten Nordafrikas reicht von West nach Ost, von Mauretanien bis Ägypten, dreieinhalb tausend Kilometer Luftlinie. Am Rande der Wüste existiert ein weitgehend rechtsfreier Raum, in dem die Grenzen zwischen Terrorismus, Banditentum und organisiertem Verbrechen so fließend sind wie der Sand. Während Geiselnahmen ein relativ neues Phänomen sind, gilt Westafrika schon seit Langem als Eldorado für Schmuggler aller Art. Waffen, afrikanische Migranten, Treibstoff, Zigaretten, alles geht hier durch. Vor allem aber Kokain. Rauschgift, das für Europa bestimmt ist, wo es bereits einen doppelt so hohen Preis erzielt als in den USA.

Mit Schiffen und mit alten Flugzeugen wird die teure Fracht von der kolumbianischen Drogenmafia aus der Andenregion nach Westafrika gebracht. In der Wüste Malis etwa sorgte 2009 eine ausgebrannte Boeing 727-200 für Aufsehen. Drogenfahnder sind sich sicher, dass das Flugzeug mit Tonnen von Kokain aus Südamerika gekommen war und nach der Entladung einfach abgefackelt wurde.

Mit schnellen Toyota-Pick-ups geht es dann oft in rasender Fahrt nach Algerien, Libyen und vor allem nach Ägypten, von wo aus die heiße Fracht in Containern nach Europa verschifft wird. Nach Erkenntnissen der UN-Drogenbehörde UNODC kommt gut ein Viertel des für Europa bestimmten Kokains über Westafrika. Mindestens 50 Tonnen jährlich.

Die Gewinne für die Drogenbarone sind so gewaltig, dass sie den Umweg um die halbe Welt in Kauf nehmen. Mit Hunderten Millionen Dollar kaufen die mächtigen Kartelle alles auf, was sich ihnen in den Weg stellt. Korrupte Politiker, Funktionäre, Soldaten und Armeen, ja ganze Staaten. „Narco-Staaten“ werden sie genannt. Wie das kleine, bettelarme Guinea-Bissau. Sein gesamter Staatshaushalt ist etwa so viel wert wie zweieinhalb Tonnen Kokain. Keine guten Aussichten für stabile Verhältnisse.

Wer kann, schneidet mit. „Wegen der harten Bedingungen gab es immer schon Solidarität in der Wüste, man reicht die Dinge weiter wie eine Zigarette“, sagt Tiégoum Boubèye Maïga, Journalist in Bamako. „Wenn die Drogenhändler von Bahanga einen Konvoi von Mauretanien nach Ägypten bringen, bekommen sie dafür 80 Millionen westafrikanische Francs.“ Einen Toyota-Pick-up im Neuwert von etwa 30.000 Euro kann man problemlos pro Woche um ein Vielfaches an die Kokainmafia vermieten.

Beweise, dass die Fundamentalisten beim Drogenhandel mitmischen, mehren sich. Ebenso die Entführungen: Im Januar 2009 werden vier europäische Touristen in der Grenzregion Mali/Niger überfallen und von der Al-Kaida mehrere Monate lang in der Wüste gefangen gehalten. Eine der Geiseln, ein Brite, wird im Mai ermordet. Im November 2009 wird ein Franzose aus seinem Hotel in der nordmalischen Stadt Menaka entführt, vier Tage später in Mauretanien drei spanische Mitarbeiter eines Hilfswerks, Mitte Dezember im Osten Mauretaniens ein 65-jähriger Italiener und eine Frau. Dann trifft es einen Touristenkonvoi aus Saudi-Arabien, die Gruppe war auf Greifvogeljagd in Mali. Vier Saudis sterben. Im Juli 2010 ermorden die Terroristen den 78-jährigen französischen Ingenieur Michel Germaneau. Der schwer herzkranke Mann war von den Entführern von Niger nach Mali gebracht worden. Weil der amerikanische Geheimdienst CIA meint, er sei wegen Medikamentenentzugs ohnehin schon tot, führen Mauretanien und Frankreich ein Militärmanöver durch, bei dem mindestens sechs Al-Kaida-Anhänger getötet werden. Erst später wird Michel Germaneau wohl aus Rache ermordet. Bei der mauretanisch-französischen Militäraktion wird im Morgengrauen auch die Grenze zu Mali überschritten. ATT schäumt, er war nicht informiert.

Präsident Amadou Toumani Touré, den alle ATT nennen, setzt auf Verhandlungen, Mauretanien und Algerien auf kompromisslose Härte. Der Streit um den richtigen Umgang mit den Islamisten hat alte Rivalitäten verstärkt. Ohne die Bereitschaft Malis zu Verhandlungen, wären allerdings auch die beiden Österreicher im Oktober 2008 nicht unversehrt freigekommen. „Wir brauchen regionale Zusammenarbeit, niemand kann erwarten, dass Mali das Terrorismus-Problem alleine löst", sagt ATT 2009 gegenüber dem ORF in Wien. Doch das Misstrauen bleibt. Anfang 2010 übergibt Malis Regierung im Austausch für den Franzosen Pierre Camatte vier inhaftierte Islamisten an die AQIM. Mauretanien schäumt und zieht daraufhin seinen Botschafter aus Mali zurück.

Im südalgerischen Tamanrasset, mitten in der Sahara, haben die Sahel-Länder ein Koordinationszentrum für den Anti-Terror-Kampf eröffnet, doch inhaltlich glich die Kooperation bisher eher einer Fata Morgana. Erst die befürchtete zusätzliche Destabilisierung der Sahara-Sahel-Zone durch die Ereignisse in Libyen hat die Länder zuletzt ein wenig enger zusammenrücken lassen. Nach Berichten regionaler Sicherheitskreise soll die AQIM ganze Lastwagen voller Waffen und Rüstungsgüter erhalten haben, die aus aufgegebenen Waffenlagern Muammar al-Gaddafis geplündert worden sind. Und selbst der Tod von Terrorchef Osama bin Laden kann den Ableger im Mahreb nicht schwächen, fürchten Experten. Dazu ist er zu autonom. Deshalb wollen Mali, Mauretanien, Niger und Algerien nun eine gemeinsame Anti-Terror-Sondertruppe mit 75.000 Mann aufstellen.

Die USA führen schon lange militärische Schulungen im Sahel-Raum durch. „Operation Flintlock“ heißt ein vor Jahren begonnenes Anti-Terror-Training zwischen US-Spezialkräften und Militärs in Burkina Faso, Mali, Mauretanien und dem Senegal. Kritiker argumentieren, Amerika und seine europäischen Verbündeten würden die Gefahr übertreiben, um ihre regionale Einflussnahme und Präsenz in der Region zu rechtfertigen.

Pygmäe ist derselben Meinung. „Timbuktu ist absolut sicher, warum redet ihr ständig von Gefahr?“, schimpft er am nächsten Morgen, als wir zusehen, wie unsere schweren Salzblöcke auf das Dach des ohnehin schon völlig überladenen Busses nach Bamako gehievt werden. 30 Jahre lang hat Pygmäe Reisende aus aller Welt in die Stadt der Sehnsüchte begleitet, jetzt hat er kaum noch Aufträge. „Wie viele Morde gibt es denn in Berlin oder in Amsterdam, trotz der vielen Polizisten, die ihr dort habt?“, fragt er immer wieder. „Und wie viele gibt es in Timbuktu? Keine. Und warum“, bohrt er weiter, „gelten Berlin und Amsterdam dann nicht als gefährlich?“

„Ihr zahlt für die Geiseln und die kaufen neue Waffen und entführen neue Leute“, sagt uns ein Straßenhändler während der Entführung der beiden Österreicher in die ORF-Kamera. Ganze 90 Millionen Euro fordert die AQIM derzeit für vier Franzosen, die sie Ende 2010 in der Stadt Arlit in Niger entführt hat. In Arlit wird für den französischen Staatskonzern AREVA Uran für die Atomindustrie abgebaut.

Heute ist Timbuktu für Weiße nur noch aus der Luft wirklich gefahrlos zu erreichen. Wer in der Wüstenstadt zu tun hat, fliegt morgens hinein und abends wieder hinaus. „La Miraculeuse“ entzieht sich wieder, der Wüstentourismus ist zum Erliegen gekommen. Dazu kommen Überbevölkerung, Klimaerwärmung und Umweltzerstörung. Ein schwerer Weg für das arme Mali.

„Schreiben Sie nicht so negativ“, sagt Mbaranga Gasarabwe, die oberste Repräsentantin der Vereinten Nationen in Mali. Nach einer langen Unterredung mit dem Premierminister findet die elegante Frau aus Ruanda noch Zeit, mich auf einer Hotel-Terrasse über dem Niger in Bamako zu treffen. „Rote Zonen gibt es bei uns nicht mehr“, sagt sie zum Terror-Problem im Norden. Ihr ausladendes, kunstvoll gebundenes rotes Kopftuch leuchtet über dem schwarzen Haar. Im Gegenteil: „Die Leute dort oben brauchen uns. Wir führen Schul- und Aufbauprogramme durch, um den Menschen Alternativen zu bieten. Wir reden mit den lokalen Kommunen. Die bitten uns auch um Hilfe, damit die Jugendlichen eben nicht in die Fänge dieser Leute geraten.“ Die UN würden ihre Mitarbeiter jedenfalls nicht von dort abziehen.

„Wir arbeiten auch intensiv mit Frauen“, erklärt Mbaranga Gasarabwe, „damit sie ihre Kinder vor den Gefahren schützen. Sie wissen ja, die Frauen in Afrika haben großen Einfluss auf die jungen Männer.“ Und außerdem, meint sie lächelnd: „Kennen Sie eine Frau in der Al-Kaida?“

*Uganda*

# African Woman

## Die Schöne auf dem Cover ist schwarz

Äußerlich unterscheidet sich „African Woman" durch nichts von „Vogue", „Amica", „Cosmopolitan", „Elle", „Brigitte" oder anderen Hochglanz-Frauenmagazinen. Der Unterschied ist nur: Die Schöne auf dem Cover ist schwarz. „African Woman" erscheint in Uganda.

Drei Tage wollte er bleiben, erzählt Modefotograf Terje André Ringen, „daraus sind elf Jahre geworden". Statt in Norwegen lebt er nun auf einem kleinen Landsitz außerhalb der ugandischen Hauptstadt Kampala. Unter dem Namen André Paparazzi hat der junge Fotograf 2005 „African Woman" gegründet, das erste qualitativ hochwertige Frauenmagazin Afrikas. Gedruckt wird es in Dubai, jede zweite Seite ist Werbung. „Wir wollten der Modeindustrie auf die Beine helfen", sagt André. Und außerdem sei er immer schon auf der Suche nach etwas Neuem gewesen, „etwas, das es auf dem Markt noch nicht gibt".

„Die Rechnung war einfach", beginnt er zu erzählen. Doch was folgt, ist ein gar nicht so einfaches rechnerisches Stakkato: „Nimmt man die Einwohnerzahl von Großbritannien, so sind das 60 Millionen. Rechnet man grob die Hälfte, dann gibt es dort 30 Millionen Frauen. In Großbritannien werden einhundert Millionen Frauenmagazine verkauft, das heißt, jede Frau zwischen Null und Hundert liest statistisch gesehen drei Magazine. O. k.?", fragt er und fährt ohne die Antwort abzuwarten fort: „Würde man das auf Uganda umlegen, dann hieße das: Von 30 Millionen Einwohnern sind 15 Millionen Frauen. Selbst wenn wir sagen, dass nur zehn Millionen lesen können, dann wären das immer noch 30 Millionen Magazine pro Monat."

Wir sitzen in einem Hinterhof im Industrieviertel von Kampala, ein leichter Windhauch durchzieht den kleinen Platz. Es ist angenehmer als in den Büros im ersten Stock, in denen es trotz der offenen Fenster eng und stickig ist. Oben läutet ständig das Telefon, aber André lässt sich nicht beirren. „Ich habe mir also gedacht“, rechnet er weiter, „wenn ich ein Prozent des UK-Marktes kalkuliere, dann ergibt das eine Auflage von 300.000 Stück, ein Riesenpotential. Aber natürlich für den Anfang zu viel. Also nahm ich als Zielvorgabe ein Promille des UK-Marktes. Ein Tausendstel, kannst du dir das vorstellen? Nicht ein Hundertstel, nein! Ein Tausendstel. Ich rechnete mit 0,1 Prozent des Marktes in Großbritannien. Macht 30.000 Stück pro Monat. Das sollte doch zu schaffen sein, dachte ich.“

Vor einigen Monaten hat „African Woman“ nach Kenia expandiert. „Die Redaktion in Nairobi ist fast schon bedeutender als wir hier“, sagt André. Es klingt fast ein wenig wehmütig. Gemeinsam kommen beide Standorte dennoch lediglich auf etwa 20.000 verkaufte Exemplare. Warum? Am Ende bleibe der Markt doch ein Geheimnis, sagt der Jungunternehmer und schaut versonnen einem alten Auto nach, das langsam versucht, ohne Schramme durch das schmale Tor aus dem Hof zu kommen. 1986, erzählt er dann, habe Celtel in Uganda eine Marktstudie zu Handys durchgeführt. Die ergab einen potentiellen Absatzmarkt von gerade einmal tausend Stück. „Heute“, sagt André, „verkauft Celtel 20 Millionen. Wie kann es denn sein, dass sich selbst die besten Experten so irren?“

Draußen vor dem schweren Eingangstor zum Hof prangen großflächige Werbeplakate mit „African Woman“-Covers. „Jeden Morgen sind Jobsuchende da. Junge, hübsche Mädchen. An schönen Mädchen herrscht in Afrika wahrlich kein Mangel“, sagt André. Nur kurz huscht ein Lächeln über seinen Mund, dann ist er wieder ernst. „Aber die meisten kommen vom Land, die haben keine Ahnung, worum es in dem harten Job geht." Der Kontinent hat keine Industrie, die sie braucht. In Afrika gibt es kein Levi's, kein Zara, kein Replay, kein Joop!, keine großen Modefirmen mit fetten Werbebudgets. Lediglich im Wirtschaftsmotorland Südafrika könnten einige von ihrem Job leben, eine Weltkarriere würden aber auch sie nicht schaffen. Der Sprung nach Amerika ist weit. Und selbst dort seien die schwarzen Models im Topsegment an einer Hand abzuzählen. Selbst dort sei der Bedarf zu gering.

Für Fernsehaufnahmen übersiedeln wir ins Studio in den ersten Stock. André hat mit fast allen Top-Designern Afrikas gearbeitet. Vom Senegal bis nach Südafrika. Modeschöpfer mit tollen Kollektionen gebe es viele, erzählt er. „Das sind sicher tausend." Doch ohne Großproduktion ändert auch das nichts. „Schau doch mich an", sagt er und streicht sich gelöst das Haar aus der Stirn. Das kurze Interview ist vorbei. „Als ich hierher kam, war ich der einzige professionelle Modefotograf in Uganda. Damals dachte ich, das wird nicht lange dauern, dann gibt es Dutzende. Und was ist passiert? Elf Jahre sind vergangen und ich bin immer noch der einzige." Der Bedarf sei einfach nicht da.

Wir schlendern wieder in den Hof, setzen uns auf eine niedrige Mauer in den Schatten. „Was bleibt, ist Werbung", resümiert der Pionier trocken. „Doch Firmen, die in Ostafrika werben, wollen unsere Models nicht. Sie sind ihnen zu groß und zu dünn. Unsere Models sehen wie Models aus. Das wollen die nicht. Sie verlangen ‚normale' Frauen, ‚richtige Frauen'."

„Richtige Frauen", das bedeutet in weiten Teilen Afrikas üppige Frauen. Auf einem Kontinent, auf dem jeder Vierte nicht genug zu essen hat und Millionen Menschen an Aids sterben, gilt Üppigkeit als gesund. Ganz offensichtlich hat man es geschafft, der Armut zu entfliehen. Je reicher, desto dicker. Je dicker, desto gewichtiger. „Warum habt ihr denn diese dünnen Kinder in eurem Magazin?“, würden auch die Leser immer wieder fragen. „Wo bleiben die richtigen afrikanischen Frauen?“

Wer will, findet sie sonntags in den großen Luxus-Hotels Kampalas. Denn sonntags wird geheiratet. Sonntags werden in den tropischen Gartenanlagen mit den schimmernden Pools emsig Hochzeitsbuffets aufgebaut, an denen die Frauen stolz vorführen, was sie haben. Fröhlich bunt oder glitzernd elegant sind ihre Kleider, auf jeden Fall aber sind sie überquellend üppig. Meterlange Stoffbahnen umhüllen die Füllen. Häufig sind Farben und Muster ident mit Tüchern, die viele kunstvoll geschwungen um den Kopf tragen. Höflich fragt Philip, mein zierlicher ugandischer Kameramann, ob er filmen darf. Doch Einwände gibt es keine, im Gegenteil: Selbstsicher und gekonnt wie Models drehen sich die Ladys vor der Kamera im Kreis. Tief drückt die Leibesfülle die dünnen Stöckel der fragilen Schuhe ins weiche, gepflegte Gras. Philip dirigiert. Auf Wunsch kommen sie noch einmal langsam auf ihn zu. Gehen ins Bild hinein und bei der nächsten Anordnung wieder hinaus. Er ist zufrieden. Zu Recht. Die Aufnahmen sind großartig.

Besonders die übergroßen Schleifen, die viele der Kleider auf der Kehrseite aufweisen, haben es dem Kameramann angetan. Die Schleifen helfen bei der Betonung des Wichtigsten. Was das ist, darüber müssen die jungen Männer in einem Kurzfilm aus der Werkstatt von Philips Arbeitgeber, der ugandischen Filmfirma „Great Lakes“, keine Sekunde nachdenken. Lässig lehnen sie auf ihren Motorradtaxis, sogenannten „Boda Bodas“, und warten auf Kunden. „Also was ist für euch das Wichtigste an den Frauen?“, fragt die Gestalterin Patricia Otuka-Karner. Die Antwort kommt wie aus der Pistole geschossen. „Bums“, antwortet der erste trocken. „Bums“, der nächste. „Bums, bums, bums“, die anderen. Bums, die Hintern, der Po.

„Die meisten Frauen sind wirklich voluminös und sie lieben es, wie sie sind", sagt Santo Anzo. Die schöne, pralle Uganderin hat sich mit fülligen Models und Mode-Kollektionen in stattlichen Übergrößen einen Namen gemacht. Mit einem großen schwarzen SUV fährt sie vor ihrem kleinen, feinen Designershop in Kampala vor. Im schicken, plüschigen Laden hängen Fotos mit Darstellungen ihres Erfolgs: Santo-Anzo-Models auf Laufstegen, Santo Anzo mit Auszeichnungen, Santo Anzo mit dem Präsidenten. Wir nehmen auf einer Couch im Nebenzimmer Platz. Santos schneeweißes, trägerloses Kleid hebt sich vom roten Samt ab wie Schlagobers von Erdbeeren. Ihre schokoladebraune Haut glänzt makellos, die großen dunklen Augen funkeln. Der Vorliebe für dürre Models in Europa kann die X-Large-Expertin rein gar nichts abgewinnen. „Ich denke, das ist traurig und krank", sagt sie. „Die Männer lieben die super-sized Models." Größer sei einfach besser – in Uganda und in Afrika.

André ist es gewohnt, seine Models gegen die „Das sind doch keine echten afrikanischen Frauen"-Kritiker zu verteidigen. Manchmal, gibt er zu, reagiere er aber doch ein wenig genervt. „Unsere Models gibt es nun einmal", würde er dann möglichst sachlich entgegnen, „sie sind groß, schön, weiblich, schwarz wie Kohle und sie sind aus Afrika. Sind sie also nicht echt? Sind sie gefälscht?" „Sorry", diesmal hebt er doch sein Handy ab und entfernt sich einige Schritte. „Das war Anne-Liese", sagt er, als er zurückkommt, „unsere neue Chefredakteurin. Oh, by the way", fällt ihm da ein, „die ist auch Österreicherin."

Ich treffe sie in einem Café im Shopping-Center. Auch sie hat ein Zufall nach Afrika geschwappt. Mit einer neuen Liebe, einem Australier, sei sie vor fünf Jahren hergekommen, erzählt die junge, quirlige Salzburgerin. „Lisi" hat immer schon im

Magazin-Bereich gearbeitet. Nach dem Umzug managt sie von Uganda aus noch lange das Swarovski-Mitarbeitermagazin. „Am Computer kein Problem“, sagt sie. Doch im Pongau zu erklären, wo Uganda eigentlich sei, habe sie aufgegeben. In der Nähe von Kenia, würde sie dann sagen. „Den meisten reicht das.“ Als sie nach dem ersten Österreich-Urlaub mit einigen Kilo mehr wieder nach Uganda zurückgekommen sei, hätte ein Kollege voller Bewunderung gesagt: „Oh, du bist aber fett geworden.“ „Ich bin richtig rot angelaufen“, sagt Anne-Liese verschämt. Erst viel später sei ihr klar geworden, dass das ein Riesenkompliment war.

„Traditionally built women“ nennt der in Rhodesien geborene, britische Erfolgsautor McCall Smith die fülligen Frauen Afrikas. Seine Romanheldin Mma Ramotswe ist so eine. Die clevere Lady ist die erste weibliche Privatdetektivin Botswanas. Mit ihrem sonnigen Gemüt und dem wachen Geist wächst sie einem sofort ans Herz. Mma Ramotswe ist selbstsicher. Sie genießt ihr Leben und ihren Job. Ihrem üppigen Körper steht sie selbstbewusst und positiv gegenüber. „Tea Time for the Traditionally Built“ heißt der zehnte Fall der smarten Lady.

Mit dem Präsidenten ihres Landes hätte Mma Ramotswe derzeit aber keine große Freude. Mit 57 Jahren ist er immer noch Junggeselle, wohl der hochrangigste Afrikas, mutmaßt die südafrikanische „Sunday Nation“. Botswana, der demokratische Vorzeigestaat im Süden Afrikas, sei damit das einzige Land am Kontinent, das keine First Lady hat. Doch nicht mehr lange. Vor Kurzem ließ Präsident Ian Khama mit einem Appell aufhorchen: „Helft mir, eine schöne, große, schlanke Frau zu finden“, sagte er bei einer Sitzung im Parlament. Und um gleich klarzumachen, welchen Typ Frau er nicht will, wendet er sich an die Abgeordnete Botlhogile Tshreletso und sagt: „So eine wie Sie will ich nicht, die passt dann vielleicht nicht einmal durch die Tür oder sie zertrümmert mit ihrem Gewicht die Möbel oder gar die Stoßdämpfer des Autos." Seine teils weibliche Zuhörerschaft nahm es ihm allerdings nicht krumm, schreiben die Gazetten, die Ministerinnen bewiesen Humor und lachten.

Schließlich ist Botswana, was die Hochzeiten seiner Präsidenten betrifft, einiges gewöhnt. Ian Khamas Vater, Seretse Khama, verliebte sich nach dem Zweiten Weltkrieg beim Studium in London in Ruth Williams, eine schöne, schlanke, vor allem aber eine weiße Frau. Botswana hieß damals Betschuanaland und war britisches Protektorat. Seretse Khama war Thronfolger der Bangwato, der größten ethnischen Gruppe im Land. Als Ruth und Seretse 1948 in London heiraten, kommt das einem Erdbeben gleich. Der große „schwarze Häuptling" heiratet eine „weiße Sekretärin", der Skandal ist perfekt. Die Bangwato enterben ihn, der Priester in London verwehrt den kirchlichen Segen. Die Mächtigen auf zwei Kontinenten sind empört. Das weiße Südrhodesien und das südafrikanische Apartheidregime schäumen. Geschlechtsverkehr zwischen Schwarz und Weiß wird unter Strafe gestellt. Es ist „eine Hochzeit, die Afrika erschüttert", titelt die „Daily Mail". „Die Paparazzi jagen Seretse und Ruth auf Schritt und Tritt, Journalisten des ‚Mirror' lauerten vor ihrem Badezimmerfenster", schreibt die britische Historikerin und Biografin Susan Williams. Die Mischehe wird zur bedeutenden Episode der britischen Kolonialgeschichte. Auch Winston Churchill nennt die Heirat „widerlich". Später ändert er allerdings seine Meinung.

Noch später sollte die schwarz-weiße Ehe als „eine der schönsten Liebesgeschichten des 20. Jahrhunderts" in die Geschichte eingehen. Denn niemand kann die beiden aufhalten. Nicht die Tradition der Bangwato, nicht der britische

Hochkommissar, nicht die skandalverliebte Yellow-Press, nicht das südafrikanische Apartheidregime und auch nicht die britische Königin. Jahrelang wird Seretse Khama, seiner Frau und dem kleinen Ian allerdings die Rückkehr nach Afrika verwehrt. In den 1950er Jahren sagt Seretse Khama in England: „Wir sind ein friedliches Volk. Lasst es nicht zu, dass uns eure Regierung Rassenhass lehrt, wir wollen ihn nicht. Das Volk von Botswana hat niemals aufgehört, die Rückkehr von Seretse und Ruth zu fordern. Es ist uns egal, welche Hautfarbe eine auserwählte Frau hat. Sei sie nun weiß, schwarz, grün oder gelb." Am Ende hat sich der jahrzehntelange Kampf gelohnt. Die Geschichte hat ein Happy End. Seretse Khama führt sein Land in die Unabhängigkeit. Es wird eines der blühendsten Afrikas. Ruth Khama bleibt auch nach dem Tod ihres Mannes in Botswana. Sie stirbt 2002.

Heute sind Mischehen in Afrika kein Thema mehr und langsam wandelt sich auch das Schönheitsideal. Weltgesundheitsorganisation und Ärzte schlagen seit Jahren Alarm. Die Zahl der krankhaft Übergewichtigen nimmt auch in Afrika dramatisch zu, eine paradoxe Entwicklung just am „Hungerkontinent". Doch das Schönheitsideal ist daran nur in Maßen schuld. Die Zeiten, in denen in westafrikanischen Ländern wie Mauretanien und Nigeria junge Mädchen in unsäglichen Folterritualen regelrecht gemästet wurden, sind gottlob vorbei. Heute sind es die schnell sprießenden Fast-Food-Ketten, Frittieröl, Milk-Shakes, Bier und picksüße Soft-Drinks, gepaart mit Bewegungsmangel, die die Fettpolster der Mittelschicht und vor allem die ihrer Kinder ins Ungesunde anwachsen lassen. Obst und Gemüse kommen kaum auf den Tisch. Für die Reichen ist es nicht schick genug, für die Armen ist es zudem schlicht zu teuer. „Leibesfülle und Unterernährung – mit beiden Problemen wird der Kontinent noch zu kämpfen haben", schreibt der Afrika-Korrespondent der „Süddeutschen Zeitung“, Arne Perras. „Darin spiegeln sich vor allem die wachsenden Extreme, die Afrika mit seiner schnellen, aber ungleichen Wirtschaftsentwicklung erlebt.“

Ist sie also dick oder dünn, groß oder klein, reich oder arm? „Wenn du nach einer Definition von ‚African Woman‘ fragst, bekommst du tausend Definitionen“, sagt André. „Wir diskutieren das ständig.“ Die erste Frage sei doch bereits: Was ist schon typisch afrikanisch in Afrika? Bei einem Fotoshooting in Kapstadt zum Beispiel habe ein schwuler, weißer Südafrikaner beim Styling gefragt: „Wo seid ihr Guys denn her?“ Auf die Antwort, aus Uganda, habe er naserümpfend gemeint: „Ah, you are from down in Africa.“ „Als sei Südafrika nicht so weit unten, wie man in Afrika nur unten sein kann“, sagt André. Doch das interessierte ihn nicht. Seine Weltsicht war: In Uganda, da gibt es bloß „Busch und Schlangen“.

Und noch schwieriger sei natürlich die zweite Frage: Was, außer dem Geschlecht, definiert überhaupt eine Frau? „Bei uns in Europa würde man sagen, eine Frau ist dann eine Frau, wenn sie erwachsen ist“, sagt André. In Afrika dagegen richte sich alles nach der Familie. „Eine Frau ist eine Frau, wenn sie ihr erstes Kind geboren hat. Da kannst du 50 sein, wenn du kein Kind hast, bist du hier keine richtige Frau.“

Anne-Liese hat mir ins Café eines der vielen Mails zum Thema mitgebracht, eines, das ihr besonders gut gefällt. „Bin ich noch eine Afrikanerin, wenn ich ‚African Woman‘ lese und es sogar noch genieße?“, fragt darin eine junge Frau provokativ. „Oder muss ich irgendwo draußen auf dem Land leben, mit einem Baby auf dem Rücken, einem Kleinkind, das an meiner ausgedörrten Brust saugt, und einem anderen, das sich in meinem Bauch heranbildet, damit ich eine afrikanische Frau bin? Muss ich einen Mann haben, der mich unnötig findet, was er dadurch beweist, dass er drei andere Frauen hat, um meine Unzulänglichkeiten zu kompensieren? Muss ich elend, bemitleidenswert, hoffnungs- und kraftlos sein, um das Recht zu haben, eine afrikanische Frau zu sein?" „Nein", sagt sie. „Westlich inspirierte Hochglanz-Illustrierte repräsentieren sicher nicht mein ganzes Sein. Doch sie sind Teil dessen, was aus mir geworden ist." Diane J. Binta heißt die Schreiberin. Ihr genaues Alter wissen wir nicht und auch nicht ihre Kleidergröße. „Meine Großmutter war eine Frau vom Land", beschreibt sie ihre Herkunft, „aber sie wollte Besseres für ihre Kinder und deshalb hatte meine Mutter ein Leben, das meilenweit von dem der Großmutter entfernt war. Meine Mutter wollte mehr für mich. Und ich habe mehr." Entscheidend, meint Diane J. Binta, seien die kleinen Dinge des Lebens, die von Frau zu Frau weitergegeben werden. „Was meine Großmutter meiner Mutter weitergab, ist nicht verloren, auch wenn sie zur Schule ging. Was meine Mutter mir weitergab, ist nicht verloren, auch wenn ich zudem auch noch gereist bin und meinen Horizont erweitert habe." Von Rezepten, wie man rohe Bohnen einlegt, bis zur Notwendigkeit, Gastgeschenke mitzubringen – das Spektrum der Traditionen sei weit. „Mutter und Großmutter hätten ein Huhn mitgebracht", meint sie, bei ihr sei es heute eher eine Flasche Wein. „Aber ich habe nicht vergessen, was mich meine Mutter gelehrt hat. Das sind die Dinge, die meine afrikanische und meine weibliche Identität ausmachen", sagt Diane. „Also erzählt mir bitte nicht", wettert sie gegen die Kritiker von „African Woman", „was eine afrikanische Frau ist und was nicht. Erzählt mir nicht, dass meine Selbstverwirklichung mir das Recht abspricht, eine richtige Afrikanerin zu sein."

Gut möglich, dass sich die Schreiberin unter den toleranten, anti-rassistischen Bewohnerinnen Botswanas besonders wohl fühlen würde. Als Ehefrau für ihren Junggesellen-Präsidenten

Ian Khama hat der Frauenflügel der „Demokratischen Partei Botswanas“ umgehend die Schönheitskönigin des Landes vorgeschlagen. Beim Wettbewerb zur „Miss World“ 2010 hat sie den zweiten Platz erreicht. Emma Wareus heißt die Schöne und sie dürfte ganz nach dem Geschmack des Staatsführers sein. Einssiebzig groß und schlank wie ein Fashion-Model.

„Ja, diese dünnen Models werden leider immer mehr. Es gibt so viele davon“, lamentiert die füllige Mma Ramotswe im letzten Krimi von McCall Smith, als habe sie vom Rat der Politikerinnen ihres Landes erfahren. Praktisch wie sie ist, hat die sympathische Detektivin aber auch gleich eine Lösung: „Vielleicht“, fährt sie nach einer kurzen Denkpause fort, „fangen sie ja an zu verschwinden. … Sie werden dünner und dünner werden und immer schicker und dann … puff … dann nimmt sie der Wind und weht sie fort.“

*Uganda, Ruanda*

# Urlaub in Uganda

## Die zerkratzte Perle Afrikas

Nein, natürlich macht man nicht Urlaub in Uganda. Urlaub, das heißt doch ausspannen, abschalten, nichts tun. Gut erholt? War's schön? Schön in Uganda? Wir haben sie doch noch alle im Kopf, die Schreckensmeldungen über den blutrünstigen, bulligen Schwergewichts-Champion, der seine Feinde von Krokodilen auffressen ließ und mit den abgetrennten Köpfen seiner Gegner Zwiesprache hielt. Bis zu einer halben Million Menschen hat Diktator Idi Amin Dada auf dem Gewissen. Vorgänger und zugleich Nachfolger Milton Obote, das ist weniger bekannt, ähnlich viele.

Daneben, in Ruanda, sind 1994 mindestens 800.000 Menschen abgeschlachtet worden. Zerhackt, zerstückelt, erschlagen, Frauen aufgespießt. Die Kirche Nyamata ist als Gedenkstätte erhalten. Mehr als 5000 Menschen sind darin zu Tode gekommen, 10.000 weitere am Gelände davor. Die Kinder hat man der Einfachheit halber an den Füßen genommen und mit den Köpfen an die Wand geschlagen. Die damalige ruandische Armee hatte das Gelände abgeriegelt, damit keiner entkommen konnte, erzählt der schüchterne junge Mann den Besuchern, die in kleiner, aber verlässlicher Zahl hier vorbeischauen. Erst spät, bedrückend spät, wird klar, dass es sich bei dem jungen Mann um einen von nur sechs Überlebenden handelt. Ein achtjähriger Bub damals, inmitten von Tausenden um Gnade flehenden Menschen. Er sei als einziger Überlebender hier im Ort geblieben, sagt Emanuel. Nun erzählt er Tag für Tag die Geschichte der jungen Hutu-Frau, der man auf dem Altar bei lebendigem Leib das Kind eines Tutsi aus dem Bauch geschnitten hat. Leise und immer wieder aufs Neue wiederholt er die Geschichte der Kirche von Nyamata, die Geschichte des Genozids in Ruanda, seine Geschichte. Damit sie sich nicht wiederholt, sagt er.

Kein Zweifel, das Herz Afrikas ist blutgetränkt. Doch ist es deshalb unmoralisch, es zu besuchen? Oder gar pervers? Muss man das prächtige Krakau verächtlich abweisen, nur weil Auschwitz gleich daneben liegt? Darf man Weimar nicht bewundernd besuchen, weil Buchenwald so schrecklich nah ist?

Noch Ende der 1960er Jahre war Uganda eines der ganz großen Reiseländer Afrikas. Wehmütig nostalgisch studiert der Reisende heute die Beschreibungen früher Uganda-Urlauber. 1954 etwa hatte Ernest Hemingway seiner Frau ein besonderes Weihnachtsgeschenk gemacht. Mit einer privaten Cessna flog man von Kampala zum Lake Albert, folgte dann dem Seeufer nach Norden und schließlich dem krokodilverseuchten Victoria-Nil bis zu den Murchison Falls. In einer nur sieben Meter breiten Felsschlucht stürzt hier der Nil 42 Meter in die Tiefe. Ein beeindruckendes Schauspiel. Die heutigen Touristen knipsen und knipsen, wie schon Mary damals, Hemingways Frau. Doch plötzlich touchierte ihr Flugzeug eine Baumkrone und stürzte ab. Schon am nächsten Tag verbreiteten die Zeitungen in aller Welt, Hemingway sei bei einem Flugzeugabsturz in Westuganda ums Leben gekommen. Tatsächlich war dem Piloten eine Notlandung im Dschungel geglückt, und nach einer kalten Nacht mit nur einer Flasche Whisky brachte das Signalhorn eines Schiffes, das am Nil anlegte, die Rettung. SS Murchison hieß es, ein Arzt aus Kampala war damit unterwegs, auch er genoss die Schönheit der Natur. Die Bootsfahrt hatte er seinen Schwiegereltern zur goldenen Hochzeit geschenkt.

Nahezu 100.000 Touristen verzeichnete man noch 1971. Erst dann kam Idi Amin, „der Schlächter Afrikas“, und damit keiner mehr nach Uganda. Amin brachte 180 Kilo auf die Waage. Der von den Briten dressierte Politclown mit ausgeprägtem Hang zu Brutalität ist für seine Taten niemals zur Rechenschaft gezogen worden. Er wurde fast 80 Jahre alt. Bis zu seinem Tod im Sommer 2003 genoss er die großzügige Gastfreundschaft arabischer Potentaten. Zuerst unterstützte ihn Libyens Langzeitdiktator Muammar al-Gaddafi, dann fand er bei seinem alten Gönner König Faisal in einer standesgemäßen Villa in Saudi-Arabien Unterschlupf.

Unter der Terrorherrschaft Amins ließ der saftige grüne Dschungel noble Hotels verschimmeln, verschlang die verlassenen Anwesen der vertriebenen Inder und der Weißen. Das Land, das Winston Churchill die „Perle Afrikas“ genannt hatte, versank im Dunkel der schaurigen Diktatur. „Der letzte König von Schottland“, wie sich Amin gerne betiteln ließ, um die ehemalige britische Kolonialmacht zu demütigen, amüsierte sich in blutverschmierten Folterkellern und beim Verfüttern seiner Opfer an die Krokodile.

Der deutsche Roland Schopf ist einer der wenigen, der all die Jahre geblieben ist. Der alte, drahtige Abenteurer, der immer noch gerne von „Negern“ spricht, ist einer der erfolgreichsten ausländischen Unternehmer hier. Er lebt seit 1964 in Uganda. „Das Land hatte damals nur drei Millionen Einwohner.“ Wenn man sich politisch heraushielt, sei Uganda unter Amin gar nicht so schlimm gewesen. „Landschaftlich war es jedenfalls ein echtes Paradies“, schwärmt er und dämpft versonnen seine Zigarette aus. Doch Amin, erzählt der Industrielle, habe nicht nur ganze Dörfer dem Erdboden gleichmachen lassen, er ließ auch die Nationalparks leerschießen. So schlimm wie Amins Schergen hätten es die weißen Großwildjäger niemals getrieben. Aus niedrig fliegenden Hubschraubern hätten sie auf Elefanten geschossen. „Sie haben ganze Herden niedergemetzelt und das Elfenbein dann an China verscherbelt.“

Die Grenze liegt friedlich da nach dem Regen. Wir sind im Länderdreieck Ruanda/Uganda/Kongo angekommen. Der Weg von Nord nach Süd war beschwerlich, die Straßen denkbar schlecht. Uganda ist hochgradig korrupt, das Geld für Straßenausbau und Instandsetzung versickert. Einige Male muss Fahrer Joseph an unserem alten Wagen Reifen wechseln.

Ganz untypisch für innerafrikanische Grenzen verläuft dann aber das geschäftige Treiben am Grenzübergang. Ruanda, die „Schweiz Afrikas", ist greifbar nah und Ruanda ist ein ordentliches, ein sauberes Land. Keiner fuchtelt mit der Waffe, keiner brüllt Befehle, keiner erpresst das Geld des Reisenden. Gottlob, denn reguläre 100 Dollar Visa-Gebühren für Ruanda und 50 Dollar für die Ausreise aus Uganda sind teuer genug. Gottlob auch, dass der Regen aufgehört hat. Wenn es regnet, hüllen Feuchtigkeit und Nebel die Hütten in traurig-triste Hoffnungslosigkeit. Kein Strom, kein Gas, keine Wärme spenden dann Trost, keine Daunendecken. Alles ist feucht. Die mächtigen Virunga-Berge mit ihren bis zu 4500 Meter hohen Vulkanen ziehen die dunklen Regenwolken gierig an sich heran. Hier regnet es praktisch immer.

Doch kaum trocken, ist der Geist sogleich versöhnt, wärmt die Sonne das Gemüt. Die Tücher der Frauen leuchten schlagartig bunt, und selbst der zerschlissene Anorak des Mannes, der mühsam sein Fahrrad den Berg hinaufschiebt, strahlt in sattem Rot. Das alte Gefährt ätzt und eiert unter den schweren grünen Bananenstauden, mit denen es kunstvoll beladen ist. Andere Männer transportieren so meterlanges Zuckerrohr, wieder andere Zwiebelsäcke. Auch einige dünne Kinder marschieren schwatzend am Straßenrand. Sie haben keine Schuhe.

Unten, am Fuß der Berge, ruht silbrig-glänzend der majestätische Kivusee, einer der schönsten Seen Afrikas. Unbeweglich und satt liegt er da, als bestehe er aus Quecksilber. Der

Horizont ist kaum auszumachen, Wolken, Himmel und See verschmelzen in sanfter Unendlichkeit. Im „Lake Kivu Serena Hotel" in Gisenyi kostet das Zimmer 210 Dollar. Hier logiert die kinderreiche ruandische Oberschicht. Geschäftsleute, Diamantenhändler, Politiker. Die weißen Touristen wohnen meist billiger. Das Frühstück im Serena-Kivu wird am breiten Strand des Sees serviert. Champagner ist im Zimmerpreis inbegriffen, man kann trinken, so viel man will.

Von Tisch und Pool aus blickt man hinüber in den Kongo. Nur ein kleiner Grenzübergang trennt das ruandische Gisenyi von der kongolesischen Schwesterstadt Goma. Die beiden Orte sind praktisch zusammengewachsen. Nach dem Ruanda-Genozid haben sie weltweite Berühmtheit erlangt. Hunderttausende Menschen hatten damals in endlosen von Hilfsorganisationen errichteten Zeltstädten Zuflucht gesucht. Auch heute ist im Kongo, am anderen Ufer des Sees, noch immer nicht Schluss mit der Gewalt. Weiter sterben täglich Menschen, Frauen werden zu Hunderten vergewaltigt.

Doch wem nützt es, wirft man trotzig dem schlechten Gewissen zurück, wenn gerade ich jetzt auf den Champagner verzichte? Zumindest – und das kann natürlich beileibe kein Trost sein – kann man als Tourist seinen Beitrag zur Rettung der letzten Berggorillas leisten. Im Zoo gibt es keine Berggorillas, ihr wichtigster Lebensraum ist hier, in den Vulkanbergen des Virunga-Massivs. Nur knapp 480 Tiere gibt es im Dreiländereck noch, und wenn da nicht der Gorilla-Tourismus wäre, dann wären wohl auch sie schon längst tot. Vier Millionen Dollar kann ein Gorilla im Lauf seines Lebens indirekt durch den sanften Tourismus erwirtschaften. Immerhin ist der Bestand dadurch in den letzten Jahren wieder etwas angewachsen.

Jedes Tier hat Namen, Alter, Geschichte. „Bwindi Impenetrable Forest" heißt der Nationalpark auf der Uganda-Seite.

Üppig-dampfender Tropenwald auf zweieinhalbtausend Meter Höhe, nur wer tief drinnen war, weiß, was das bedeutet. „Impenetrable", undurchdringlich. Wie dunkle Schläge auf einer dumpfen Trommel hämmert das Wort im verzweifelt nach Sauerstoff schreienden Kopf. Viele beschwerliche Stunden dauert der Weg zur Gorilla-Familie. Wenn sie abhaut, hat man Pech, wenn es zu stark regnet, ebenso.

Doch da sind sie. Mehr als 200 Kilo bringen die kolossalen Silberrücken auf die Waage und wirken doch zart und verletzlich. Nicht zuletzt dank Dian Fossey und ihren „Gorillas im Nebel" haben wir Vertrauen gefasst. Gorillas sind keine Raubtiere, sie sind sensibel und gutmütig. Mickrige 2,3 Prozent beträgt der genetische Unterschied zum Homo sapiens. Nur wenige Momente lässt sich der sanfte Riese vom Schlaf abhalten. Er hebt das mächtige Haupt, um herzhaft zu gähnen. Wir scheinen ihm egal zu sein, so sehr, dass man fast schon beleidigt sein könnte. Die Kleinen toben auf den Bäumen, auch sie tun so, als wären wir nicht da. Acht Touristen kommen täglich, eine Stunde dürfen sie bleiben.

Zurück am Ausgangspunkt erhalten alle eine Urkunde. An der Wand der Ranger-Station hängen große Fotos der Gorilla-Familien. Eine Luftaufnahme zeigt ihren Lebensraum, ein Meer aus dunklem Wald. Erschreckend deutlich ist die Grenze zu sehen, an der der Nationalpark endet und die menschliche Nutzung beginnt. Wie mit der Rasierklinge ist der Hügel geteilt. Wald auf der einen, leuchtend grüne Teefelder auf der anderen Seite. Bedrohlich rücken die Felder dem Wald zu Leibe. Uganda und Ruanda sind die am dichtesten besiedelten Länder Afrikas. Die Armut der vielen Menschen drückt und drängt, frisst Erde, Wald und Aufschwung. Ugandas Frauen gebären im Schnitt 6,7 Kinder. Laut Prognosen wird sich die Bevölkerung in den kommenden zwei Jahrzehnten auf mehr als 60 Millionen verdoppeln.

Aber Präsident Museveni, sagt meine Freundin Ellen, eine deutsche Filmproduzentin, findet das gut. „Er meint, je mehr Einwohner sein Land hat, desto bedeutender ist es."

1986 ist Yoweri Museveni an die Macht gekommen, heute hält er immer autoritärer an ihr fest. In den Straßen der Hauptstadt patrouillieren in diesen Tagen ungewöhnlich viele Soldaten, geplante Wahlen werfen ihre Schatten voraus. „Fears of war as polls draw closer", titelte der „Monitor", die wichtigste unabhängige Zeitung in Kampala schon ein Jahr davor. Ein halbes Jahr später tobt ein aggressiver Wahlkampf, die Angst vor Unruhen ist greifbar, die Stimmung aufgeheizt. Noch einmal wirft sich Museveni in die Schlacht, nach einem Vierteljahrhundert hat er immer noch nicht genug. Im Wahlkampf wirkt er lässig und fit, er hat einen Rap-Song geschrieben, den er immer wieder zum Besten gibt. Dabei ist Museveni der Großvater der Nation. Uganda hat nach Niger die jüngste Bevölkerung der Welt. Knapp 60 Prozent sind unter 18, mehr als die Hälfte ist unter 15. Sie alle sind unter Museveni groß geworden. „M7" nennt die Jugend den Präsidenten in der englischen Kurzform.

Anfang 2011 wird der Alte für eine vierte Amtszeit wiedergewählt. Fair war die Wahl nicht. Der Amtsbonus gibt Mitbewerbern keine Chance. Anhänger der Regierungspartei verteilten offen Geld und Geschenke an das Wahlvolk. Eine Revolution wie in Nordafrika werde es in seinem Land nicht geben, donnert Museveni. Doch der Frust über sein autoritäres Regime wächst seit Jahren. Bei mehrtägigen Unruhen kommen Ende 2009 zwei Dutzend Menschen ums Leben. Polizisten und Soldaten hatten in der Hauptstadt ziellos in die Menge geschossen. Im Sommer 2010 fallen 64 Menschen einem Anschlag somalischer Al-Kaida-Kämpfer zum Opfer. Während und nach der Wahl kommt es immer wieder zu Protesten, an denen sich auch die langsam wachsende Mittelschicht beteiligt. Acht neue Kampfjets um 740 Millionen US-Dollar, eine Kampagne zur Wiederwahl, die laut der südafrikanischen Zeitung „Mail & Guardian“ 350 Millionen verschlingt, und eine Feier zur Amtseinführung um 1,3 Millionen Dollar – die Menschen haben genug. Die Sicherheitskräfte antworten auf die großteils friedlichen Proteste mit Wasserwerfern und Tränengas. Und sie schießen scharf. Einige Demonstranten werden getötet, viele inhaftiert. Die Staatsmacht schlägt zurück. Kritiker werden eingeschüchtert, Radiostationen geschlossen.

Besonders schlimm ist die Hetze schon davor gegen Homosexuelle. Anfang 2010 wurde ein Gesetzesvorschlag eingebracht, der das bestehende Anti-Homosexuellen-Gesetz noch verschärfen sollte. Bis hin zur Todesstrafe. Das Vorhaben ist populär, die meisten Afrikaner sehen in der Homosexualität einen schändlichen Import aus dem Westen. In Nord-Nigeria droht schwulen Männern gar der Tod durch Steinigung. In Uganda liegt das Gesetz nach weltweiten Protesten und der Drohung, Millionen an Hilfsgeldern einzufrieren, nun auf Eis. Sollte es je durchgehen, sind auch Freunde und Verwandte dran. Bis zu fünf Jahre Haft drohen jedem, der die Behörden nicht über Homosexuelle in der Familie, am Arbeitsplatz oder im Bekanntenkreis informiert. Strafbar macht sich auch, wer für die Rechte Homosexueller eintritt, wer das Thema öffentlich erörtert oder Wohnungen an homosexuelle Paare vermietet. Gesetze, mit denen wohl nicht ganz zufällig auch Oppositionelle und Journalisten mundtot gemacht werden können.

Maßgebliche Mitverantwortung an der Schwulenhatz tragen rechte religiöse Kreise im fernen Amerika. Evangelikale Kirchen nehmen zunehmend Einfluss auf die fragilen Gesellschaften Afrikas. Uganda und Ruanda sind besonders beliebte Ziele. Die letzte Regierung Bush lobte die familienfreundliche Politik Ugandas und schickte Millionen Dollar, schrieb die „New York Times“. Anfang 2009 besuchten drei illustre US-amerikanische Aktivisten der Anti-Schwulen-Bewegung das Land. Die Namen sind einschlägig bekannt: Scott Lively, evangelikaler Missionar, der in schwulenfeindlichen Büchern Verbindungen zwischen Homosexualität und Nationalsozialismus herzustellen versucht, Caleb Lee Brundidge, der „Heilungsseminare“ abhält, um Homosexuelle von ihrer „Krankheit zu befreien“, und Don Schmierer, Chef einer christlichen Organisation, die glaubt, Homosexualität sei durch Gebete und Therapien veränderbar. Die drei halten Vorträge bei einer mehrtägigen Veranstaltung, die mit mehr als 1000 Zuhörern äußerst gut besucht ist.

Die Hetze anglikanischer Seelenfischer „fällt in den Macho-Gesellschaften auf fruchtbaren Boden“, schreibt der Afrika-Korrespondent der „Süddeutschen Zeitung“, Arne Perras. Einen Monat nach dem Auftritt der drei „Experten“ aus Amerika wird das Anti-Homosexuellen-Gesetz im ugandischen Parlament eingebracht. „Hängt sie!“ Unter dieser Schlagzeile veröffentlicht ein Hetzblatt namens „Rolling Stone“ ein Jahr später die Namen von Homosexuellen. „100 Bilder der Top-Homos“ werden abgedruckt. Gesichter, Namen, Adressen. Einige der Abgebildeten erhalten Morddrohungen. Zwar wird der Zeitung weitere Hetze gerichtlich untersagt, doch die Saat ist längst aufgegangen.

Anfang 2011 wird David Kato, Ugandas berühmtester Schwulenaktivist, in seinem Haus mit einem Hammer erschlagen. Zum Begräbnis des 46-jährigen Mannes kommen viele seiner Freunde, US-Präsident Barack Obama schickt eine Grußbotschaft. Doch selbst am Grab noch kommt es zum Eklat. Der anglikanische Priester wettert gegen Schwule. Sie seien verderbt und sollten zurückkehren zu Gott. Aktivisten reißen ihm das Mikrofon aus der Hand. Nach einem aufgeregten Tumult wird Davids Sarg so schnell es geht in der Erde versenkt.

Hätte Museveni das Format gehabt, sich rechtzeitig zur Ruhe zu setzen, wäre ihm ein lobender Eintrag in den Geschichtsbüchern sicher gewesen. Das Land hat dem ehemaligen Rebellenführer schließlich viel zu verdanken. So bleibt am Ende aber nur ein Platz auf der Liste jener Staatschefs, die als Hoffnungsträger begonnen, aber als Despoten geendet haben. Meles Zenawi in Äthiopien, Mwai Kibaki in Kenia, Robert Mugabe in Simbabwe, Yoweri Museveni in Uganda.

Für zahlreiche Geberländer bleibt Uganda dennoch besonders Liebkind. In der Hauptstadt wimmelt es von NGOs und UN-Organisationen. Viele sind erst in den letzten Jahren vom zunehmend unsicheren Nairobi nach Kampala übersiedelt. Die Kriminalität ist vergleichsweise gering, das Land bis vor Kurzem äußerst stabil. Das halbe Budget Ugandas kommt aus Geldern der Entwicklungshilfe. Auch die österreichisch-ugandischen Beziehungen haben besondere Tradition. So schnell stellt man sich nicht um.

Die meisten Intellektuellen Kampalas verachten die weißen Helfer. Publizist und Radio-Moderator Kalundi Serumanga nennt sie „Laptop-Warriors". Wo immer die meist blutjungen Krieger auftauchten, hätten sie Computer dabei, sagt er. Und „Programme", die die Schwarzen dann zu erfüllen hätten. Wir haben uns mit vollen Mittagstellern ins Innere eines Lokals verzogen, denn es regnet schon wieder. An zwei Tischen sitzen Weiße, sie haben Skripten vor sich und sind sichtlich in einer Besprechung. Dabei, sagt Serumanga, wäre es doch viel besser, sie würden ohne Belehrungen kommen, würden das Land bereisen und viel Geld dalassen. „Genau", gebe ich witzelnd zurück, „am besten wohl, sie würden Urlaub machen." Urlaub in Uganda.

Orte wie die Ndali Lodge böten sich an. Ein traditionsreiches, gediegenes Farmhaus inmitten einer einzigartigen vulkanischen Landschaft. In der Nähe leben Schimpansen, die Blumen sind hier noch prächtiger, die Vögel noch bunter. Am Pool vor dem Haus lustwandelt das Auge in Richtung Westen über einen der zwei Dutzend tiefschwarzen Kraterseen. Dahinter das spektakuläre Panorama der über 5000 Meter hohen Gipfel der Ruwenzori-Berge, der „Mountains of the Moon". Im Inneren wird der luftige alte Wohnraum von der warmen Sonne durchflutet, und ganz ohne Vorwarnung offenbart sich auf der Rückseite noch einmal ein grandioser Blick mit Palmen, Teefeldern, Blumen und dem 130 Meter tiefen Lake Nyinambuga, einem weiteren Kratersee, in dem sich die Wolken spiegeln. Ein Blick, der einem den Atem raubt.

Aubry, der Besitzer, ist den Schönheitsschock, der die Touristen offenbar regelmäßig befällt, gewohnt. „Ja, ich weiß, wie schön es ist", sagt er und erzählt von einem noblen, älteren Herrn aus Großbritannien. Der sei aus dem Haus getreten, sei stehen geblieben, habe den Blick in die Ferne gerichtet, und dann, sagt Aubry, habe er einfach geweint.

# Der gute Diktator
## Ruanda nach dem Genozid

Paul Kagame hat eine Vision, die Vision 2020. Ruanda, das kleine Land im grünen Herzen Afrikas, soll ein Vorzeigestaat werden. Modern und wirtschaftlich on top, wie Singapur oder Südkorea, das sind Kagames Vorbilder. Der Präsident Ruandas hat selbstverständlich eine Website. Darauf finden sich nicht nur Links zu Twitter und Facebook, sondern natürlich auch das im Land allgegenwärtige Porträt des großen, schlaksigen Mannes mit der markanten, runden Brille. In Blogs breitet Kagame seine Zukunftsvision aus. So sollen im Jahr 2012 alle Schüler im Alter von neun bis zwölf Jahren einen Computer besitzen. Das US-amerikanische „One Laptop per child"-Projekt liefert dafür die Billigprodukte. Wie Spielzeug sehen die robusten Geräte aus und sind doch weit mehr. Was wegsteht wie Hasenohren, sind WLAN-Verbindungen. Es ist ein ambitioniertes, globales Bildungsprojekt, und Ruanda ist als einziges Land Afrikas eifrig mit dabei. Das „Land der tausend Hügel" will mit rasender Geschwindigkeit vom Hilfsempfänger zum „middle-income"-Land aufsteigen. Von der Barbarei des Genozids ohne Umwege ins strahlende Licht der IT- und Cyber-Welt. So will es der Präsident.

Kigali soll die erste „kabellose" Stadt Afrikas werden. In der Hauptstadt ist das Programm „Wireless Kigali" fast abgeschlossen. Ein 7,6-Millionen-Dollar-Auftrag, der 2007 an die südkoreanische „Korea Telecom" ging, macht es möglich. WiBro heißt die Netzwerk-Technologie, eine Version von WiMAX, das High-Speed-Internet selbst dann liefert, wenn man in Bewegung ist. Schon heute gibt es fast überall in Kigali schnelles Internet. Natürlich auch am Flughafen. Laptop an, und schon ist man online. Mühe- und kostenlos, mitten in Afrika.

„Kann ich meinen Antrag nicht hier hineintippen?“, frage ich, „da steht doch ein Computer.“ Langsam verlässt mich der Mut. Alle anderen Mitreisenden sind längst abgefertigt. Die drei Inder, die sich mit mir um ein Visum angestellt hatten, sind durch. Es ist bald Mitternacht. Der internationale Flughafen von Kigali macht dicht. Nur mich will der strenge Officer nicht durchlassen. Ohne Internet-Antrag kein Visum und damit keine Einreise, so lautet seine trockene Erklärung. „Wait here!“, sagt er immer wieder. Mehr ist aus dem jungen Mann nicht herauszubekommen. Per Handy versucht er seit fast einer Stunde jemanden anzurufen. Seinen Vorgesetzten, vermute ich.

Inzwischen ist eine Putz-Brigade eingefallen, sie reinigt mit breiten, nassen Besen die blitzblanken, hellen Fliesen. „Pardonnez-moi, Madame!“, scheucht mich ein kleiner Mann mit blauem Overall weg. Doch schon bin ich dem nächsten im Weg. „Excuse me“, sagt der. Schließlich redet man jetzt Englisch in Ruanda. Anfang 2010 hat Kagame Englisch als Unterrichtssprache eingeführt. Das gibt der Jugend mehr Chancen und hilft im globalen Wettbewerb. Französisch, die Sprache der belgischen Kolonialverwalter, ist out. Die Beziehungen zu Frankreich sind denkbar schlecht, schließlich hatte Paris das ruandische Hutu-Regime unterstützt, das 1994 den Völkermord orchestriert hat. Noch kurz vor dem Ende des dreimonatigen Genozids hatten französische Militärs an der Seite der ruandischen Armee gekämpft. Sie arbeiteten eng mit den Hutu-Mordmilizen zusammen, gingen mit ihnen auf Patrouille, statt sie zu entwaffnen. Sie lieferten verzweifelte Tutsis aus, die bei ihnen Schutz suchten, und halfen Leichen zu entsorgen. Spezialkräfte der französischen Eingreiftruppe „Turquoise", darunter viele Fremdenlegionäre, halfen prominenten Völkermördern zu entkommen. Bis zuletzt versuchten sie die Machtübernahme der Kagame-Rebellen zu verhindern, die schließlich dem Genozid ein Ende setzten. Kagame selbst hat die ersten Jahrzehnte seines Lebens in einem Flüchtlingslager im anglophonen Uganda verbracht. Gemeinsam mit Rückkehrern aus Kenia und Tansania bildeten seine Mitstreiter von der RPF, der „Ruandischen Patriotischen Front", rasch eine neue englischsprachige Macht-Elite. Der Rest des frankophonen Landes fand sich plötzlich auf der Verliererstraße. Selbst Kinyarwanda, die Muttersprache fast aller Ruander, Hutus wie Tutsis, beherrschten die neuen Herrscher in Kigali anfangs kaum.

„Aber ich war doch erst vor einem halben Jahr in Ihrem schönen Ruanda", flöte ich untertänigst, „und da durfte ich doch auch ohne Internet-Antrag einreisen." „Nein, sicher nicht! Wo soll das gewesen sein?", fragt der Officer streng. „Auf der Landstraße zwischen Uganda und Ruanda", antworte ich. „Am Grenzübergang Katuna." „Und wo ist das Visum von damals?", will er wissen. „Das ist im alten Pass. Sie sehen doch, das ist ein neuer." Afrika liebt Stempel und Visa, dem hält schließlich kein Pass lange stand.

Wenn ich mich auf die Zehenspitzen stelle, kann ich auf die kleine Ankunftshalle hinuntersehen. Auch da unten wird geputzt. Ansonsten ist die Halle leer, kein Reisender ist mehr da. Monoton rattert das Förderband mit dem Gepäck der letzten ankommenden Maschine: RwandAir 106 aus Entebbe. Darauf ruht nur noch ein Koffer, und das ist meiner. Traurig dreht er seine Runden, bis das dumpfe Rattern plötzlich innehält. Mit einem Ruck steht das Band still. Ein Arbeiter nimmt den Koffer hinunter. „C'est de moi!", rufe ich leicht panisch in die plötzliche Stille.

„Stehen lassen, der gehört mir!“ „O. k.“, deutet der Arbeiter zurück und winkt freundlich zu mir hoch.

Wäre dies nicht Ruanda, wäre wohl schon längst ein 20-Dollar-Schein ganz zufällig in meinen Pass gerutscht. Als Problemlöser, etwa bei Polizeikontrollen, sind solche freiwilligen Wiedergutmachungen oft unumgänglich. In Ruanda ist Korruption dagegen so gut wie inexistent. Im globalen Index von Transparency International liegt das kleine Land an 66. Stelle. Noch vor Italien.

Am Ende muss Connie schwören, dass sie die volle Verantwortung für mich übernimmt. Mitten in der Nacht ist sie gekommen, um mich auszulösen. Connie ist Schweizerin, ich habe sie in Uganda kennengelernt. Sie ist leitende Angestellte bei ESRI, einem US-Unternehmen, das in 90 Ländern der Erde tätig ist. Es bietet Geografische Informationssysteme (GIS) an: Computerkarten, satellitengestützte Navigationssysteme, komplexe, raumbezogene Spezialanwendungen im Simulationsbereich. Modernste Software also, genau das Richtige für Ruanda. Connie ist gerade 50 geworden. Erst vor wenigen Wochen ist sie mit ihrem Mann, dem Chef der schweizer Niederlassung, von Zürich nach Kigali gezogen. Ihren guten Job bei einer schweizer Versicherung hat sie dafür an den Nagel gehängt. Es ist ein weiter, ein gewagter Sprung.

Und doch nicht. Vor dem Genozid wurde Ruanda als tropische Version der Schweiz gepriesen. Ein Land von atemberaubender Schönheit, mit kristallklaren Seen und grünen Hügeln, eines der friedlichsten und stabilsten Länder Afrikas. Heute wird der Vergleich wieder strapaziert. Ruanda ist afrikanisches Musterland, die Wirtschaft wächst, die Weltbank würdigt Ruanda als „Top-Reformer“. Investoren schätzen Pünktlichkeit, Disziplin und Zuverlässigkeit. Kriminalität? Nicht in Ruanda.

Auch bei der Sauberkeit kann Ruanda mit der Schweiz mithalten. Plastiksäcke sind schon lange verboten, und jeden letzten Samstag im Monat ist Umuganda-Tag. Dann wird geputzt, der Verkehr steht still, die Geschäfte sind geschlossen. Von morgens bis mittags wird Ordnung gemacht, werden Genozid-Gedenkstätten gereinigt, Trottoirs gekehrt und Bäume gepflanzt. Auf den Grünstreifen werden Hecken gestutzt und Unkraut gezupft. Ein verpflichtendes, kollektives Arbeitsfest, das den Gemeinschaftssinn stärken soll, vor allem bei der Jugend. Wer beim Umuganda Day nicht mitmacht, dem drohen harte Strafen.

Die sauberen Straßen machen Spaß. Mit halsbrecherischer Geschwindigkeit düsen Emanuel und ich auf den breiten, frisch geteerten Asphaltbändern die Hügel hinunter. Platz genug ist ja. Unübersichtliche Stadtviertel mit engen, desolaten Wellblechhütten sind geschleift worden. Die großzügigen Straßen sind von neuen, properen Reihenhäusern mit Alarmanlagen und Garagen gesäumt. Im Stadtzentrum glänzen gläserne Bürotürme, neue Shopping-Malls und Banken sprießen aus dem Boden wie die Riesenpflanzen im immerfeuchten Ruwenzori-Gebirge. Alles Afrikanische muss dem Modernisierungsschub weichen. Menschen dürfen ihre Waren nicht mehr auf dem Kopf tragen, Hühner und Gummistiefel sind in der Stadt verpönt. Auf in die Zukunft, so will es der Präsident.

Zwar sind Fahrten mit Moped-Taxis in Afrika nicht ungefährlich, doch Emanuels blitzblankes Gefährt wirkt durchaus vertrauenserweckend. Emanuel ist ernst und schweigsam, über dem T-Shirt trägt er die obligatorische leuchtende Sicherheitsweste mit offizieller Taxi-Nummer. Wir haben beide Helme auf, Ampeln und Straßenbeleuchtung funktionieren. Ein krasser Unterschied zur nur 450 Kilometer entfernten ugandischen Hauptstadt. Dort gleichen schon Moped-Fahrten zum nahegelegenen Markt halsbrecherischen Motocross Rallies. Und das ohne Helm. Schlangenlinien sind der einzig mögliche Kurs durch die verstauten, mit Schlaglöchern übersäten, staubigen Straßen Kampalas. Kleinere Unfälle sind an der Tagesordnung. Nicht so in Ruanda. Kigali ist sauber und sicher. So will es der Präsident.

Natürlich war er schon in der Gedenkstätte, versichert Emanuel, als wir uns wieder aufs Moped schwingen. Er gehört zu der Generation junger Ruander, die damals, 1994, noch Babys oder Kleinkinder waren. Fast eine Million Menschen sind dem Genozid in nur hundert Tagen zum Opfer gefallen, doch mittlerweile hat das geschundene Land wieder mehr Bewohner als davor. Ruanda wächst rasant. Es ist dichter besiedelt als jeder andere afrikanische Staat. Auf einer Fläche so groß wie Ober- und Niederösterreich leben fast zehn Millionen Menschen.

Ruanda, das ist doch in Afrika, isn't it? Diese unbedarfte Frage war seine erste Reaktion, schreibt Roméo Dallaire, als er das Angebot erhielt, in dem kleinen, vom Bürgerkrieg zerrütteten Land eine UN-Friedensmission auf die Beine zu stellen. Doch der kanadische General sollte Ruanda kennenlernen wie kaum ein anderer. Minutiös schildert er später die verzweifelten Versuche, die Welt auf die übermächtigen, pechschwarzen Wolken aufmerksam zu machen, die sich drohend über den Gipfeln der dumpf grollenden Virunga-Vulkane zusammenbrauten. Ruanda lag in unheilvoller Erwartung des Bösen. „Igitangaza", etwas Großes, kündigte sich an.

Am 11. Januar 1994, drei Monate vor dem Beginn des Mordens, schrieb Roméo Dallaire eine eindringliche Warnung vor dem drohenden Völkermord an seine Vorgesetzten in der UN-Zentrale in New York. Das geheime Dokument erlangte als „Genozid-Fax" traurige Berühmtheit. Es ist in der Genozid-

Gedenkstätte in Kigali ebenso ausgestellt wie die Antwort darauf. UNAMIR sei bis zur Erteilung weiterer Anweisungen nicht berechtigt, Aufklärungsmissionen auszuführen oder auf Hilfsansuchen zu reagieren, faxte der damalige Leiter der Abteilung für Friedenseinsätze, Kofi Annan, zurück. Nicht einmal die Waffen, die seine Soldaten in geheimen Lagern entdeckt hatten, durfte Dallaire konfiszieren.

Die internationale Gemeinschaft, zur Zeit des Völkermords mit zirka 2500 Blauhelmen präsent, greift nicht ein. Als einzige Reaktion schickt sie Soldaten, um ihre eigenen Bürger auszufliegen. Dallaires Bitten nach mehr Truppen werden abgeschmettert. Und schlimmer noch: Nach dem Tod von zehn ihrer Blauhelme ziehen die Belgier ab. Zurück bleibt ein Häufchen von 400 Mann aus Drittweltländern, schlecht ausgerüstet, schlecht ausgebildet und alles andere als motiviert. Die Tutsi-Bevölkerung und die Kritiker der mörderischen Ausrottungspolitik, darunter Politiker und Intellektuelle, werden sehenden Auges ihren Mördern überlassen. Das einheimische Botschaftspersonal wird ebenso grausam seinem Schicksal überantwortet wie Tausende verfolgte Tutsis, die sich zu den UN-Truppen geflüchtet hatten. 2000 Flüchtlinge in einer Schule werden postwendend massakriert. Die hochgerüsteten Einheiten, die zur Evakuierung der Ausländer aufgeboten wurden, hätten ausgereicht, um den Genozid zu stoppen, steht auf einer Meldung der französischen Nachrichtenagentur AFP in der Genozid-Gedenkstätte.

Persönlich zerbricht Roméo Dallaire fast an seinem Horrorjahr in Ruanda. Selbstmordversuche, eine posttraumatische Belastungsstörung, endlose Therapiestunden und Psychopharmaka würden ihn bis heute begleiten, schreibt der Truppenkommandant. Es dauert fast zehn Jahre, bis er in der Lage ist, seine Erfahrungen über die Mitschuld der Vereinten

Nationen am Genozid niederzuschreiben. „Man muss das Buch lesen“, zitiert der Klappentext den britischen „Guardian“, „um zu verstehen, mit welch gelassener Kälte und mit welch unerbittlichem Zynismus die Friedenshüter den Völkermord zuließen.“

Eine Vorstellung des Grauens vermittelt Dallaires Begegnung mit einem kleinen Jungen auf einer einsamen Landstraße. Plötzlich taucht er auf. Er ist vielleicht drei Jahre alt und ganz allein. Sein kleiner Körper ist von Fliegen umhüllt, „die sich gierig auf die offenen Wunden stürzten, von denen er übersät war“, schreibt der UN-Kommandant. Er nuckelt an einem Keks, den er Gott weiß woher hat. Die Gegend wirkt wie ein Direktimport aus der Hölle. Rund herum ist alles tot. Die Bewohner sind abgeschlachtet oder geflohen. In den verlassenen Hütten verwesen Leichen, an der Straße lauern Hinterhalte und Heckenschützen. „Vielleicht lag es an dem Zustand, in dem ich mich befand, aber mir kam es so vor, als hätte dieses Kind das Gesicht eines Engels und Augen reiner Unschuld. Ich hatte so viele in Stücke zerhackte Kinder gesehen, dass mir dieser kleine, unversehrte, verwirrte Junge wie eine Hoffnungsvision erschien.“

„Hätten wir den erneuten Ausbruch des Bürgerkrieges und den Völkermord verhindern können?“, fragt der General im Buch und seine Antwort lautet: Ja. „Die ruandische Tragödie“, schreibt er, „ist vor allem eine Geschichte vom Scheitern der Menschlichkeit.“

Gescheitert ist auch der Journalismus. In der Zeit nach dem 6. April, dem Tag, an dem das kleine Flugzeug mit Präsident Habyarimana vom Himmel fiel und damit den Startschuss für den Genozid gab, waren nur wenige internationale Reporter in Ruanda. Ihnen gelang es trotz seriöser Augenzeugenberichte nicht, einen internationalen Aufschrei zu entfachen. Auch nicht, als das Morden bereits am Höhepunkt war. Die Welt war müde von Somalia. Europa richtete seinen Blick nach Bosnien, Amerika war mit O. J. Simpson beschäftigt, und selbst in Afrika schrieb gerade ein anderes Ereignis Geschichte: Am 27. April, knappe drei Wochen nach Beginn des Völkermords in Ruanda, hielten die Südafrikaner die erste demokratische Wahl ihrer Geschichte ab. Im Vorfeld war die Lage am Kap zum Zerreißen gespannt, viele befürchteten ein Blutbad.

Mark Doyle von der BBC war der einzige westliche Journalist, der während des gesamten Völkermords in Ruanda war. Die gängige Berichterstattung, die Afrika als „schwarzen", „finsteren", „düsteren", „undurchschaubaren" Kontinent zeigt, in dem nichts als „Gewalt" und „Chaos" herrscht, ist für ihn ein wesentlicher Grund dafür, dass das Morden von den Medien weitgehend ignoriert wurde. Der politisch perfekt organisierte ethnische Völkermord passte nicht ins Medien-Bild vom chaotischen Afrika, meint Doyle bei einem hochkarätig besetzten Medien-Symposium in Kanada, das Allan Thompson in einem packenden Buch zusammengefasst hat. Die Morde in Ruanda wurden als „Stammeskrieg" beschrieben, beklagt Doyle, als „Abschlachten von Zivilisten". Ohne zu erklären, „wer hier wen tötete". Um bei der BBC solch plumpe und irreführende Schlagworte wie „Chaos" oder „wahlloses Abschlachten" zu verhindern, schrieb der Korrespondent Memos an den Londoner Newsroom mit der Bitte, es doch bei seiner Wortwahl zu belassen. Die Morde, sagt er, „waren klar politisch und ethnisch". Die örtlichen „Hass-Medien", die die Vernichtungsideologie im ganzen Land verbreiteten, allen voran der Sender RTLM, Radio-Télévision Libre des Mille Collines, war nicht zu überhören. Nichts am Genozid, sagt Mark Doyle, sei „wahllos" gewesen und nichts „chaotisch".

Chaotisch war auch die Flucht nicht. Als Kagames Rebellen im Sommer 1994 nicht mehr aufzuhalten sind, machen sich mehr als zwei Millionen Menschen auf in die Nachbarländer. Die meisten ins kongolesische Goma. Fernsehbilder von Flüchtlingsströmen biblischen Ausmaßes gehen um die Welt. Männer, Frauen, Kinder, Alte, die sich mit ihren wenigen Habseligkeiten die Straße aus Ruanda herausquälen. Sie erregen Mitleid, schlagartig ändert sich die Sichtweise. Scheinwerfer gehen an und die Welt blickt gebannt auf das Afrika der Großen Seen. Die Massenmedien liefern sich ein Wettrennen. Schon in den ersten Wochen stürzten sich unzählige Medien- und Hilfsorganisationen auf die Flüchtlinge, um zu helfen, schreibt die niederländische Journalistin Linda Polman.

Dass die Flüchtlinge Hutus waren und damit Täter und nicht Opfer, begreifen die meisten nicht. Im Schutz der Zivilisten, denen sie einreden, dass die Tutsi-Rebellen blutige Rache nehmen würden, marschieren die Mörder seelenruhig aus der Gefahrenzone. Unter den Flüchtlingen sind fast die gesamte mörderische Regierungsarmee und ihre Handlanger, die Interahamwe-Milizen. „Insgesamt zwanzig- bis hunderttausend Mann", schreibt Polman. Es war ein taktischer Rückzug.

Im Handumdrehen stampften die NGOs rund um die Stadt Goma 25 große und kleine Flüchtlingslager aus dem Boden. In ihnen brach kurz darauf eine schreckliche Cholera-Epidemie aus. Mit zunächst Hunderten, später Tausenden Toten pro Tag. Die Hilfsorganisationen überboten einander mit Horrorzahlen. Je mehr „unschuldige Opfer", desto mehr Hilfe. Die Spendengelder flossen in Strömen. Und je mehr Geld da war, desto mehr humanitäre Hilfsorganisationen kamen nach Goma. „Die Mitleidsindustrie", so der Titel des Buches von Linda Polman, war voll angelaufen. Die Genozid-Überlebenden in Ruanda, keine hundert Kilometer weiter südlich, bekamen keine Hilfe. „Wir predigten mit Engelszungen“, schreibt UN-Kommandant Dallaire, aber für ihr Elend interessierte sich niemand.

Die Journalisten präsentierten die Tragödie in Goma „in herzzerreißenden Reportagen als humanitäres Drama“, schreibt Polman. Die Cholera-Toten sind die perfekte Megastory: unpolitisch, aufregend, einfach und schaurig. CNN nannte es einen „zweiten Genozid“, erinnert sich Anne-Marie Huby, eine Mitarbeiterin von „Ärzte ohne Grenzen“ im Buch von Allan Thompson. „Wir mussten dem Reporter erklärten, dass es kein Genozid ist, wenn Menschen an einer Krankheit sterben.“

US-Präsident Clinton sprach angesichts der endlosen Flüchtlingslager von einer „der schlimmsten humanitären Krisen“. „Die UNO, unfähig eine Operation auf die Beine zu stellen, um den Genozid zu verhindern, hatte jetzt kein Problem, eine Million Dollar pro Tag aufzutreiben – für eine Flüchtlingskrise, die die génocidaires zu ihrem eigenen Zweck organisiert hatten“, schreibt Martin Meredith in „The State of Africa“. Die Völkermörder wurden durchgefüttert und geimpft. Sie stahlen mehr als die Hälfte der Hilfsgüter, bewaffneten sich neu und mordeten weiter. Tausende Tutsis wurden in den Lagern von Hutu-Milizen ermordet, Autopsien gab es nicht, bei den vielen Cholera-Toten fielen einige Tausend Leichen mehr nicht weiter auf.

Die Helfer hatten zum Teil keine Ahnung, in welchem Umfeld sie sich überhaupt bewegten. „Worum ging es zwischen den Hutus und den Tutsis eigentlich genau? Und worum geht es jetzt?“, fragt Linda Polman im Sommer 1994 in Goma ihre Tischgenossen, die für verschiedene Hilfsorganisationen tätig sind. Doch die zucken mit den Schultern. „Das musst du die Politik fragen, damit befassen wir uns nicht“, sagt einer.

Ende 1996, nach zahlreichen Warnungen an Medien und Hilfsorganisationen, greift die Armee Kagames ein. Sie überfällt Goma, vertreibt die Helfer und schließt die Lager. Bei der Gewaltaktion werden Tausende getötet. Ungefähr 600.000 Hutus wandern zurück nach Ruanda. Zigtausende Völkermörder aber bleiben im Ostkongo, der seither nicht zur Ruhe kommt. Von 1993 bis zu einem fragilen Frieden im Jahr 2003 sterben im Gebiet der Großen Seen geschätzte vier Millionen Menschen. Auch den Truppen Kagames, die zwei Mal im Ostkongo einfallen, werden in einem brisanten 500-Seiten-Bericht der UNO schwere Kriegsverbrechen zur Last gelegt. Bei Vergeltungsaktionen sollen sie Zehntausende Hutus systematisch ermordet haben. Auch in diesem Fall blieb die Welt stumm.

Der Kanadier Gerald Caplan, Genozid-Forscher und Ruanda-Spezialist, zieht beim Medien-Symposium in Kanada eine grimmige Bilanz zu Ruanda: „Von den sieben Millionen Einwohnern waren 15 Prozent tot. Zwei Millionen waren intern vertrieben. Noch einmal zwei Millionen waren Flüchtlinge. Die, die geblieben waren, hatten schrecklich gelitten. Sie sind gefoltert und verwundet worden. Viele Frauen wurden vergewaltigt. Von den überlebenden Kindern hatten 90 Prozent Blut fließen sehen oder noch Schlimmeres. Eine ganze Nation war brutalisiert und traumatisiert. Sie waren, wie sie selbst sagen, ‚walking dead', lebende Tote. Dennoch hatten Mörder und Überlebende keine Alternative, als weiter Seite an Seite auf den Hügeln Ruandas zu leben."

Heute ist es in Ruanda strikt verboten, von Hutus und Tutsis zu sprechen. „Divisionismus" heißt das diffuse Vergehen, auf das bis zu 25 Jahre Haft stehen. Der Afrika-Spezialist der „taz", Dominic Johnson, nennt dieses Gesetz gegen das „Auseinanderdividieren" die „Allzweckwaffe der Staatsmacht". „Wir sind alle Ruander", lautet das Motto. So will es der Präsident. Nur so sei Versöhnung möglich, begründet Kagame das von oben herab verordnete Schweigen. Gebotene Einwände wischt der große, dünne Präsident vor wenigen Jahren im ORF-Interview in Wien streng vom Tisch. Stereotypen zu strapazieren sei irreführend, sagt er bestimmt. Kagame ist ruhig und stolz, doch zugleich vorsichtig und wach. Dem ehemaligen Rebellenführer ein freundliches Lächeln zu entlocken, scheint unmöglich. Erst als wir später off the record über Ugandas Präsident Museveni, seinen langjährigen Weggefährten und nunmehrigen Erzfeind, sprechen, gelingt es dann doch. Museveni hätte den Weg längst frei machen und einen Nachfolger aufbauen müssen, sage ich, dann wäre er positiv in die Geschichtsbücher eingegangen. „So wie auch Sie rechtzeitig an die Nachfolge denken müssen." Das zumindest findet Kagame lustig.

„Psst!", sagt meine Tischgenossin und hält sich den Finger vor den Mund. Hyacinthe hat für uns gekocht, wie immer, wenn ich mittags zu Hause bin. Die kleine, rundliche Frau betreut Connies Haus. Sie organisiert, kauft ein, putzt, kocht und wäscht. Wie alle Hutus in Ruanda hat auch sie viele Bekannte verloren. Auch ihren Mann haben sie umgebracht. „Psst! Wir reden nicht darüber." Wenn wir es doch tun, wird ihre Stimme leise. Als wären wir nicht allein in dem großen Haus. Als hätte sie Angst, jemand verstecke sich unter dem Tisch, hinter dem Schrank, draußen auf der Veranda oder im Garten.

Gérard Prunier, ein französischer Politologe und Autor eines Standardwerks über den Völkermord, sagt, den Mördern sei es gelungen, das ganze Land in einer riesigen luftleeren Blase einzuschließen. In der würde nun jeder so tun, als ginge das Leben weiter, obwohl es in vielerlei Hinsicht am 7. April 1994 zu Ende war. „Die Geister, die immer noch auf den Hügeln über den großen Seen wandeln", schreibt Prunier in der Zeitschrift „BBC Focus on Africa", „weigern sich, begraben zu werden."

„Es ist besser, still zu sein", bestätigt David Malingha Doya, langjähriger Journalist beim „EastAfrican", die Menschen seien eingeschüchtert. Über den Genozid zu reden sei zwar nicht gefährlich, doch sehr delikat. Wir treffen uns im Nakomat-Shopping-Center, schlürfen Caffè Latte im Bourbon Café. Problemlos könnte man sich in New York wähnen, das globale Dorf ist auch in den Hauptstädten Afrikas längst eingezogen. Ob in Kigali, Kampala oder Nairobi – Cafés wie dieses sind austauschbar. Doch draußen am Land ist das Leben anders, dorthin hat es der Fortschritt noch nicht geschafft. Fast 60 Prozent der Menschen in Ruanda leben an der Armutsgrenze, sagt der smarte Intellektuelle aus Uganda. Er ist Wirtschaftsexperte. „Die Leute wissen oft nicht, was sie am nächsten Tag essen werden." Geld und Geschäftschancen gebe es nur im Umfeld der Kagame-Partei. Sie sei auch ohne Korruption an allen großen Geschäften im Land beteiligt. Die RPF, sagt David Malingha Doya, „ist längst reicher als der Staat selbst".

Im August 2010 ist Paul Kagame mit 93 Prozent der Stimmen als Präsident wiedergewählt worden. Demokratisch, versteht sich. Doch die Repression, auch gegen Dissidenten im Ausland, war massiv. Oppositionelle wurden an der Kandidatur gehindert. Andere wurden umgebracht. Der Vizechef der Grünen Partei wurde tot aufgefunden, der Chefredakteur einer verbotenen Zeitung erschossen. Mehrere kritische Journalisten sind in Haft. Ebenso wie Kagames gefährlichste Gegnerin, die Oppositionsführerin Victoire Ingabire. Der regierungskritische Ex-Armeechef wurde in Johannesburg bei einem Mordanschlag schwer verletzt. Kagames früherer Geheimdienstchef ruft von Südafrika dazu auf, den Diktator zu stürzen.

Dem Ausland spricht Kagame nach der Untätigkeit während des Genozids jedes Recht ab, Kritik zu üben. Als ein ehemaliger Journalist des britischen „Independent" Mitte 2011 twittert, Kagame sei „despotisch und verblendet", bekommt er unvermittelt eine scharfe Antwort: „Wrong u r". Du hast unrecht. Der Absender – der Präsident persönlich. Dann mischt sich der Außenminister ein und meint in gekonntem Twitter-Style, ob es denn nicht zu viel verlangt sei, zuerst zu recherchieren, was elf Millionen Ruander über Kagame dächten, bevor man Unwahrheiten verbreiten würde. „wld u care 2 know what 11.000.000 Rwandans think of Paul Kagame b4 u spread ur formed opinion? 2 big a challenge 4 u?" Niemand habe ein Recht, Kagame zu kritisieren, schließt daraus der Journalist. Die Antwort kommt postwendend: „Sie auch nicht", meldet der Präsident, „no moral right".

„Divisionismus", „Leugnung des Völkermordes", „Verbreitung genozidaler Ideologien", „Kontakte zu Hutu-Gruppen im Ostkongo", „terroristische Aktivitäten" – mit strafrechtlich relevanten Anschuldigungen ist man in Ruanda rasch zur Hand. Im Visier Kagames steht auch der Held des Films „Hotel Ruanda", Paul Rusesabagina, der während des Völkermords 1200 Menschen das Leben gerettet hat. Er lebt im Exil in Brüssel. „Hören Sie mir doch auf mit dem ‚Nie wieder'", schimpfte er schon vor Jahren bei einem ORF-Interview in Wien, „das kann ich nicht mehr hören."

In „seinem" Hotel, dem „Hôtel des Mille Collines" in Kigali, erinnert heute nichts mehr an die Schreckenszeit. Von Pool und Bar aus schweift der Blick über ruhige, sanfte Hügel. Draußen wartet Emanuel. Wir fahren ins KIST, dem „Kigali Institute of Science and Technology". 60 Schüler betreuen Connie und ihre Mitarbeiter dort. Es sind kräftige Männer verschiedenen Alters, fast alle kommen vom Land, die meisten sind Geografielehrer. In kleinen Klassen lernen sie ArcMap, ein Programm, mit dem sie Landkarten erstellen und editieren können. In keinem Land der Welt gibt es mehr weibliche Abgeordnete im Parlament als in Ruada, aber hier sind nur wenige Frauen.

„So, jetzt klassifizieren wir die Städte. Wie denkt ihr, sollen wir sie darstellen?“ Die Klasse bearbeitet gerade die Südprovinz Gitarama. „O. k., wenn wir die Liste der Symbole wollen, klicken wir jetzt hier auf den zweiten Button. Könnt ihr mir folgen?“, fragt die Schweizerin und wandert von Tisch zu Tisch, von Computer zu Computer. Überprüft geduldig, ob alle schon bei den Ortschaften sind. „Are you with me?“, fragt sie immer wieder. „Yeah“, „Eh“, „Hmmm“, brummen die Lehrer zustimmend. Nach Tagen der Ernüchterung hat die engagierte Schweizerin moderne Unterrichtsmethoden wieder über Bord geworfen. Zu viele seien nicht mitgekommen. Jetzt ist sie zum alten Frontalunterricht zurückgekehrt, man hat sich eingerichtet.

Doch das war nicht immer so. Abend für Abend war die erfahrene Geografin anfangs mit einem neuen Frusterlebnis nach Hause gekommen. Zuerst gab es zu wenige funktionierende Computer. Dann zu wenige Matratzen in den Unterkünften, keine Moskitonetze, kein Frühstück für die Teilnehmer. Dann war da das Problem mit der neuen Unterrichtssprache. „Sie können viel zu wenig Englisch“, klagt Connie. Zwei Trainer pro Klasse, die mit Kinyarwanda helfen, seien schlicht zu wenig. „Weißt du“, sagt sie anderntags, „ich bin darauf gekommen, dass die Lehrer in den hinteren Reihen nicht bis zur Leinwand sehen.“ Diesmal ist sie nicht entnervt, sie wirkt traurig. „Sie bräuchten Brillen.“ Doch dazu mangelt es an Geld und Ärzten. Und dann ist da noch ein gravierendes Problem: Seit sechs Tagen schon gibt es am Institut kein fließendes Wasser.

Wie übrigens in den meisten Teilen von Kigali. Erst nach fast einer Woche können sich die Lehrer wieder waschen. Vision 2020 contra Realität 2010.

Am Ende der zweiwöchigen Ausbildung war es dann aber doch eine schöne Zeit. Alle erhalten ein Diplom, schon gibt es Anmeldungen für weitere Kurse. In wenigen Jahren soll das Land flächendeckend mit zertifizierten Lehrern überzogen sein. Eine kühne Vision. Doch so will es schließlich der Präsident.

*alibé in einer Koranschule / Senegal*

*oranschüler Abdoulaye in Saint-Louis*

*Madame Diouf in Thiaroye Sur Mer / Senega*

*Warnung vor dem lebensgefährlichen Bootstrip nach Europ*

amburu-Frauen im Norden Kenias

'moja, das erste Frauendorf Ostafrikas

*Lake Bunyoni / ugandisch-ruandisches Grenzgebi*

*Genozid-Gedenkstätte in Ruand*

*'etisch-Priester in Endé / Mali*

*'rauen aus Digibombo auf dem Weg zum Markt*

*Dreharbeiten im Suda*

*Nomaden in der Provinz Kordofa*

*orf auf „Forrester Estate", dem Landgut Heinrich von Pezolds*

*ıbakpflanzer auf „Forrester Estate" / Simbabwe*

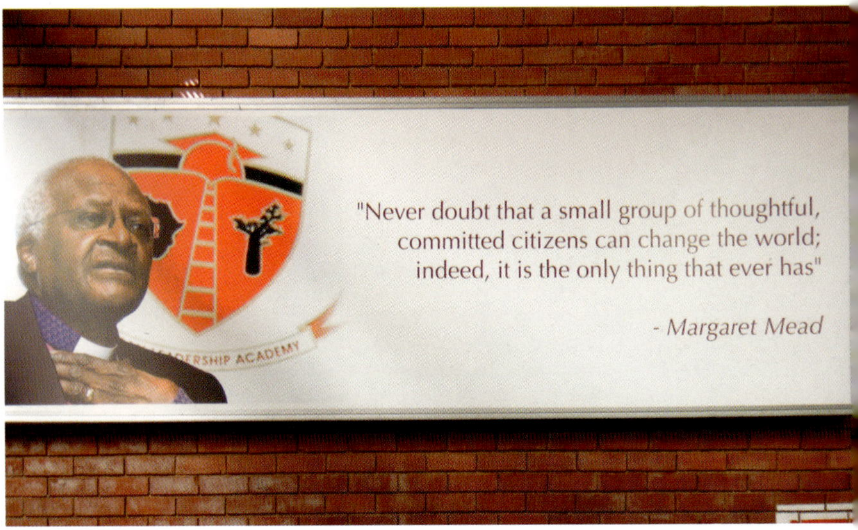


*Motto in der Bibliothek der „African Leadership Academy*

*Schüler am Campus der ALA / Johannesburg, Südafri*

*Kenia*

# Umoja
## Das Dorf der Frauen

„Er ist gekommen, um mich umzubringen. Wozu hatte er sonst eine Waffe dabei?“ Wütend stapft Rebecca neben mir her. Rhythmisch klatschen ihre Plastikschlapfen auf den harten, ausgedörrten Boden. Ich kann kaum Schritt halten. Geschickt weicht sie den niedrigen Dornenbüschen aus, mit jedem forschen Schritt wirbelt sie feinen, heißen Sand auf. Wir sind auf dem Weg nach „Umoja“, dem ersten Frauendorf in Ostafrika, ihrem Dorf. Vor 20 Jahren hat sie es gegründet, um Frauen zu beschützen, nun braucht sie selbst Schutz. Doch hier gibt es nichts, was Schutz verheißt. Die sandige Weite wirkt unwirtlich. Die Elefantenherden, die meist zum Sonnenuntergang die Ebene durchpflügen, begnügen sich mit den spitzen Dornen des Gestrüpps. Für die Kühe der Nomaden gibt der Boden kaum genug her. „How can he come here with a gun?“, empört sich Rebecca immer und immer wieder. „Wenn es etwas zu besprechen gibt, dann kann er die Gemeinschaft zusammenrufen, dann setzen wir uns hin und diskutieren. Aber man kann doch nicht herkommen und jemanden umbringen. Mord ist keine Lösung“, schimpft sie. Wir hetzen über die Ebene.

Am Tag davor hatte ich Rebecca Lolosoli kennengelernt. Eine große, üppige Samburu-Frau. Ihr gekräuseltes, schwarzes Haar ist kurz geschoren, die schneeweißen Zähne blinken makellos. Rebecca ist 48, sie trägt den traditionellen Schmuck der Samburu. Tausende winzige Perlen, die in kunstvoller Anordnung auf unzähligen immer größer werdenden Drahtringen vom Hals über die Schultern bis zu den nackten, fleischigen Oberarmen reichen. An den Unterarmen glänzen breite Armreifen. Am

Kopfschmuck und am roten Tuch, das sie um die Taille gewickelt hat, baumeln glitzernde, runde Spiegelblättchen. Auf der Stirn strahlt ein markantes Metallschmuckstück mit einigen Zacken. „Das heißt, dass wir von den Sternen kommen", erklärt sie. Kulturell und vor allem sprachlich sind die Samburu eng mit den Massai verwandt, der wohl bekanntesten Ethnie Afrikas. Kaum ein Kenia-Bild, das ohne Massai auskommt. Speer und Schild finden sich auch auf Kenias Nationalflagge. Und dennoch ist ihr Anblick immer von neuem überwältigend, die Anziehungskraft und der Mythos der Massai sind ungebrochen. „Ich wusste nicht, dass Menschen so schön sein können", schwärmt Kate Cummings, eine Fotografin aus Washington, die 2009 in Umoja war, über die Gründerin.

„Wer will dich denn umbringen?", frage ich endlich. Ihr morgendliches, aufbrausendes Gehabe hat mich völlig überrascht, schließlich wirkte Rebecca gestern noch durchaus sanft und gelassen. „Mein Mann", antwortet sie. „Er ist neidisch auf unseren Erfolg. Er will uns das Land wegnehmen, das Land von Umoja. Schon einmal ist er mit einer Gruppe Männer gekommen, um uns auszurauben. Wir haben die Polizei gerufen, aber die Beamten haben gemeint, sie würden sich nicht einmischen, das seien schließlich nur Familienangelegenheiten. Die Männer haben unsere Unterlagen gestohlen, unsere Urkunden, unsere Kontaktadressen, alles, selbst einen Generator. Jetzt haben wir in den Gästehütten keinen Strom mehr."

Das Camp haben die Frauen für Touristen gebaut. Es liegt an der Biegung des Flusses, nur einige hundert Meter vom Dorf entfernt. Einige Tische mit karierten Tischtüchern, einige Plastikstühle, eine kleine, staubige Theke aus Holz, an der es Cola und heißes Wasser für Nescafé und Tee gibt, dahinter eine Feuerstelle und über all dem ein Strohdach, das ist das Restaurant und Zentrum des Camps. Nach dem Wegfall des großen Generators ist es auch der einzige Ort, an dem es abends Strom gibt. Einige Meter entfernt stehen fünf Rundhütten. Eine habe ich gemietet, die anderen sind leer. „Fluss mit braunem Wasser“ heißt der Uaso Nyiro übersetzt, doch derzeit ist das Wasser eindeutig blau. Wie eine Schlange windet er sich durch die ausgedörrte, von der Sonne versengte Landschaft. Nur einige vom Wind zerzauste, dürre Palmen bieten etwas Grün. Dennoch: „Es ist wunderschön“, stimmt mir Rebecca zu. Kaum sinkt die Sonne nieder, legt sich ein sanfter Zauber über die karge Vegetation. „Im Fluss gibt es Krokodile“, erzählt sie stolz, „manchmal kommen sie sogar ein Stück weit hier herauf.“

Das Wasser des Flusses ist eine wichtige Lebensader, die einzige weit und breit. Umoja liegt gut 350 Kilometer von Nairobi entfernt, im trockenen Norden Kenias. Die Gegend gilt als unsicher, von Zeit zu Zeit werden Touristenbusse überfallen. Das Klima unter den kriegerischen Nomadenvölkern der Samburu, Turkana und Burana ist rau, sie liegen ständig im Clinch. Schwindende Ressourcen, verheerende Dürrekatastrophen, Überschwemmungen und Klimawandel verschärfen den Streit um Vieh, Wasser und Weideland. Dazu kommt der Kampf um Politposten und Pfründe. Wegen der Nähe zu Somalia, Äthiopien und dem Südsudan sind zahllose Waffen im Umlauf. Nicht selten gibt es Tote, denn selbst einfache Überfälle und Racheakte werden heute häufig mit schweren Waffen verübt. „Die Männer treffen sich ständig zu Friedensgesprächen“, sagt Rebecca. „Doch noch während sie sitzen und vom Frieden reden, schicken die Samburu ihre jungen Krieger aus und stehlen den Turkana das Vieh und umgekehrt. Sie sehen einander in die Augen und lügen sich an. Und wer sind die Opfer? Wieder die Frauen“, klagt sie. „Es sind ja unsere Söhne, die Männer unserer Töchter, die sterben.“

48 Samburu-Frauen leben derzeit im Frauendorf, Männer sind tabu. „Umoja“ heißt „Einheit“ auf Suaheli, viele der Frauen erfahren sie hier zum ersten Mal. Zu Hause haben sie keine Rechte. Sie dürfen kein Land besitzen, ihre wenigen Besitztümer können ihnen jederzeit weggenommen werden. Wenn ein Mann stirbt, erben die Söhne, sollten keine da sein, die Brüder. Die Witwe ist zur Gänze auf ihre Gnade angewiesen. Anders in Umoja. Das Dorf ist von einem niedrigen Dornengestrüpp begrenzt, um es vor wilden Tieren zu schützen. Das hier ist ihr Land, sie würden es verteidigen „bis zum Tod“, sagt Rebecca. Sämtliche Güter und Einkünfte werden geteilt. Das Zusammenleben verläuft nach klaren, solidarischen Regeln.

Die Gründerin ist hoch angesehen, denke ich, als uns vor dem Dorf gut ein Dutzend reich geschmückter Frauen entgegentanzt. „Aber nein“, sagt Rebecca, „sie singen für dich!“ Sobald wir eintreten, hebt der Chor der Frauenstimmen immer mehr an, wird wild, hoch, ekstatisch. Rhythmisch hebt und senkt sich der mehrere Kilo schwere Halsschmuck der Frauen, ihre Tücher leuchten. Knallrot, blitzblau, gelb, orange – kräftiger könnte der Kontrast zur sandigen Steppe nicht sein. Sie singen alte Lieder, die vom Stolz ihres Volkes künden. Sie preisen die Schönheit und die Farben der Kühe, die für die Samburu alles sind. Die Zungen formen sich gekonnt Richtung Gaumen, das unverkennbare weibliche Ululieren, das kräftige Stampfen, der Tanz, das laute Klatschen – diese erdige Kraft gehört zu unserem Urbild von Afrika.

Über ihr Leid, die Scham und die Schmach, die ihnen die Männer zugefügt haben, haben die Frauen lange geschwiegen. Einige, wie Lakosi Lolemo, ganze drei Jahrzehnte lang. Die heute 55-Jährige hat das Dorf 1990 mitgegründet. „Begonnen hat alles mit den Briten“, sagt die schmächtige Frau. Ihr markanter Schädel ist fast kahl, ihre Haut ist dünn und faltig, der

Umhang knallrot. Lakosi hat sieben Kinder geboren. Wir haben uns im Schatten der großen Schirmakazie auf dem Boden niedergelassen. Rebecca muss jedes Wort der Frauen übersetzen, sie ist die einzige, die Englisch spricht. Das Dorf hatte ich mir belebter und quirliger vorgestellt. In großem Abstand stehen einige der niedrigen, länglichen, mit Kuhdung zusammengebundenen Samburu-Hütten. Am Dorfrand stechen zwei kleine gemauerte Häuser ins Auge, das eine ist ein Museum, „weil unsere Kultur ausstirbt“, sagt Rebecca, das andere eine kleine Schule, die geschlossen ist, weil Ferien sind. Sonst gibt es hier nichts, außer viel Platz dazwischen, über den sanft der warme Wind fegt. Oft kommen Schutzsuchende nur vorübergehend ins Dorf, erklären die Frauen. Sie bauen dann ihre eigenen Hütten auf, und bevor sie gehen, auch wieder ab.

Große Weideflächen der Massai und Samburu wurden seit dem Zweiten Weltkrieg als militärische Übungsgelände benutzt. Teile werden es bis heute. Zwischen 1969 und 2000 sollen britische Soldaten im Samburu-Distrikt mehr als tausend Frauen vergewaltigt haben. Lakosi Lolemo ist nur eine von ihnen. Die Vergewaltigungen blieben geheim, bis immer mehr schwere Verwundungen und sogar Todesfälle durch liegen gebliebene Munition bekannt wurden. Als die britische Regierung 2002 gezwungen wurde, dafür Entschädigungen zu zahlen, begannen auch die Frauen, ihre Anschuldigungen öffentlich zu machen. Entschädigungsanwalt Martyn Day reichte auch in ihren Fällen Klagen ein, doch er kam nicht weit. „Sie wollen noch weitere Beweise“, sagt Rebecca. „Evidence“, murrt sie verächtlich und schiebt den dünnen, bleistiftgroßen Zweig, mit dem sie seit Stunden ihre blanken Zähne poliert, von einem Mundwinkel in den anderen. „Sie brauchen doch nur nach Archers Post zu gehen und die hellhäutigen jungen Leute fragen, wer ihre Väter sind. Welche Beweise brauchen die denn noch?“

Archers Post liegt an der Hauptstraße, die weiter Richtung äthiopische Grenze führt. Von hier aus zweigt eine einfache Piste nach Umoja ab. Einst war Archers Post Stützpunkt britischer Kolonialbeamter, heute wirkt es wie eine Filmkulisse aus einer anderen Zeit, wie ein staubiges Westerndorf aus einer anderen Welt. Vor einer alten Werkstatt steht ein Militärjeep, auch heute noch ist ein Armeestützpunkt in der Nähe. Auf der gegenüberliegenden Straßenseite spielen Buben Fußball. Vor der Bar parkt einsam ein Landrover, an einem der windschiefen, schattigen Tische auf der Veranda sitzt ein alter Samburu-Krieger und trinkt Bier. Seine Zähne sind grau und schief. Über seiner traditionellen Tracht trägt er einen zerschlissenen Anorak, ein klarer Hinweis darauf, dass es hier noch um einiges heißer werden kann, nicht selten klettert das Thermometer auf bis zu 50 Grad. Den großen Speer hat er neben sich an die Wand gelehnt. Die wenigen, kleinen Läden, die fast ausschließlich von Somalis betrieben werden, sind wichtige Treffpunkte für tägliche Besorgungen. Auch für die Frauen von Umoja. Doch die stolzen Emanzen sind vielen Männern in Archers Post noch immer nicht geheuer, selbst nach 20 Jahren nicht. Sie sind immer noch Outcasts, eine existenzielle Bedrohung für das unerbittliche Patriarchat.

Nach der Vergewaltigung durch die Fremden habe sie sich unendlich geschämt, schildert Lakosi Lolemo. Doch damit nicht genug. Ihr Mann habe sie danach verstoßen, und so stand sie von einem Tag auf den anderen vor dem Nichts. „Eine schreckliche Zeit“, sagt Lakosi und wirkt dabei immer noch ein wenig verschämt. „Doch dann habe ich entdeckt, dass es anderen Frauen ebenso ergangen war und wir schlossen uns zusammen.“ Nach langem hartem Kampf gelang es ihnen, aus Nairobi die Bewilligung für das Frauendorf zu erhalten. Zu fünfzehnt haben sie es aufgebaut. Seither flüchten immer mehr Frauen hierher: vor Schlägen und Missbrauch, vor drohender

Zwangsheirat und Genitalverstümmelung. Einige haben ihre Männer seit Jahren nicht mehr gesehen. „Die Männer benutzen uns doch nur als Haussklaven“, übersetzt Rebecca eine der Frauen. „Wir arbeiten von fünf Uhr früh bis spät am Abend. Und er kommt schließlich heim und schlägt dich.“ „Sie sitzen nur herum und trinken“, ergänzt die junge Frau neben ihr, sie ist so schön, dass man sich kaum hinzusehen traut. Stoisch ruhig, aufrecht, mit ausgestreckten Beinen sitzt sie am Boden, nur ihre Finger bewegen sich. So geschickt und geschwind, dass man kaum folgen kann, fädelt sie eine winzige rote Perle nach der anderen auf große runde Ringe, als sei es das Einfachste der Welt. In der Schmuckherstellung sind Samburu-Frauen unschlagbar. Die Schmuckstücke sind die Haupteinnahmequelle in Umoja. Alkohol, darauf legen die Frauen wert, ist hier verboten, zu schlecht sind ihre Erfahrungen.

International hat das Dorf längst Furore gemacht. Rebecca war sogar schon in New York, um darüber zu berichten. Doch Kenia selbst hat, gelinde gesagt, ein gespaltenes Verhältnis zu seinen Nomaden. „Die Samburu werden immer noch abgekanzelt“, sagt Mali Ole Kaunga in seinem kleinen Büro in Nanyuki, einer Marktstadt auf halbem Weg zwischen Nairobi und Archers Post. Für die Bürokraten in Nairobi seien sie einfach „Primitive“. „Menschen in einer Randzone, die ein Leben führen, das ohnehin dem Untergang geweiht ist.“ Nanyuki liegt am Fuße des malerischen Mount Kenia, direkt am Äquator. Wie die meisten hier verdient sich der ruhige, schlaksige Mann im Ranger-Outfit seinen Lebensunterhalt mit Touren für Touristen. Seit fast zwei Jahrzehnten beschäftigt er sich eingehend mit den Problemen der Hirtenvölker in Kenia und im Norden Tansanias. „Indigenous Movement for Peace Advancement and Conflict Transformation“ nennt er seine NGO. Die Abkürzung ist einfacher: „Impact“ steht an der Bürotür.

„Während der Kolonialzeit war der entlegene Samburu-Distrikt Sperrgebiet“, erklärt Ole Kaunga. An der Wand des kleinen Büros hängen internationale Zeitungsartikel, darunter ein Bericht der „Washington Post“ über das Dorf der Frauen. Ole Kaunga und Rebecca Lolosoli kennen einander seit vielen Jahren. „Ohne Genehmigung und Spezialpass war Fremden der Zutritt zu den riesigen Weideflächen der Samburu verboten“, sagt er. Nur wenige Weiße kamen mit den Nomaden in Kontakt. Die aber waren nachhaltig beeindruckt. „Viel ist über die Massai geschrieben worden, aber fast nichts über die Samburu“, klagt Wilfred Thesiger, Großwildjäger und einer der letzten großen Entdecker des 20. Jahrhunderts. Der Abenteurer hatte sich so sehr in die Samburu-Kultur verliebt, dass er die letzten Jahrzehnte seines langen Lebens großteils in der Samburu-Hauptstadt Maralal verbrachte. Erst 1994 verlegte er seinen Hauptwohnsitz zurück nach London. Desillusioniert und zermürbt durch den niemals enden wollenden Geldbedarf der ihm nahe stehenden Samburu. Einer der wenigen, der das stolze Volk beschrieben und ausführlich fotografiert hat, war Thesigers alter Freund Nigel Pavitt. Er hatte als junger Armeeangehöriger uneingeschränkt Zugang zum Sperrgebiet. Die Samburu, ist Nigel Pavitt überzeugt, seien froh gewesen, dass man sie all die Jahre lang „in Ruhe ließ“.

Missionare und Beamte der Kolonialverwaltung waren oft die einzigen Kontakte nach außen. „Doch beide haben die Nomaden verachtet. In ihren Augen waren es Wilde und Heiden, die schwer zu kontrollieren sind. Eine Anschauung, an der die kenianischen Regierungen auch nach der Unabhängigkeit 1963 festhielt“, sagt Ole Kaunga trocken. Der Samburu-Distrikt und die Region um den Turkana-See weiter nördlich seien noch jahrelang Sperrgebiet geblieben und bewusst in wirtschaftlicher Rückständigkeit belassen worden. „Lehrer und Beamte, die bereit waren im wilden Norden zu arbeiten, bekamen Härtezulagen. Viele wurden sogar in den Norden strafversetzt. Die Nomadengebiete", sagt Ole Kaunga, „waren das Sibirien Kenias."

Danach habe man versucht, die Nomaden zwar nicht sesshaft zu machen, doch vollständig zu assimilieren. In seinen Untersuchungen über das Verhältnis der umherziehenden Viehhirten zur staatlichen Bildung weist Ole Kaunga nach, warum diese Politik, seiner Meinung nach, gescheitert ist. „Auch heute noch", sagt er, „können Samburu und Massai dem kenianischen Schulsystem wenig abgewinnen." Das liege zum einen daran, dass den Heranwachsenden in den wichtigsten Lehrjahren neben dem Schulbesuch zu wenig Zeit bleibt, um auch tradiertes Wissen zu erlernen, wie das Überleben im Busch, die Jagd und das Hüten der Herden. Zum anderen daran, dass es für Frauen schwierig sei, sich für die Schulbildung ihrer Kinder zu erwärmen, da es für sie letztendlich bedeutet, dass sie ohne die Mithilfe der Jugendlichen, die oft wochen- oder monatelang in entfernten Städten zur Schule gehen, noch mehr arbeiten müssen. Am schlimmsten aber sei, dass Schulabgänger meist nicht mehr zurückkämen. „Sie können rasch mit dem einfachen Nomaden-Dasein nichts mehr anfangen." Doch auf der anderen Seite würden die Bildungseinrichtungen Versprechungen machen, die sie nicht halten könnten. Junge Samburu oder Massai finden kaum Jobs, in der kenianischen Gesellschaft stehen sie ganz unten. „Nach der Schulzeit landen sie als schlecht bezahlte Nachtwächter, als Bittsteller und lebende Touristen-Attraktionen in Städten wie Mombasa, wo sie erst recht geächtet und marginalisiert werden", sagt Ole Kaunga. Für den Afrika-Experten Bartholomäus Grill ist der Massai-Krieger, der stolze Moran, „Inbegriff unbewältigter Zukunft". „Der Sprung in die Moderne ist zu weit", schreibt er in seinem Buch „Ach,

Afrika". „Er steht verloren am Wegrand der Zivilisation, herausgerissen aus dem Zeitmaß der Natur, herabgewürdigt zu einem urtümlichen Fotomotiv für Safari-Gäste. Er irrt ziellos umher. Fängt an zu saufen. Verwahrlost. Resigniert."

Nur in der Werbung springt er immer noch. Auf einem Tourismus-Inserat Kenias schweben Massai-Krieger beim traditionellen Sprung gerade in der Luft. „Jambo. Welcome to magical Kenya" steht darüber. „Am Abend erfreuen Sie die Samburu Moran mit ihren farbenfrohen Stammestänzen", lockt ein Safari-Angebot eines deutschen Kenia-Spezialisten. Der Zauber der Massai strahlt und er verfehlt sein Ziel nicht. Einmal mit einem „echten Massai" auf einem Foto zu posieren, ist für die meisten Kenia-Urlauber ein großer Traum. Noch sensationeller ist es allerdings, mit einem „echten Massai" auch noch im Bett gewesen zu sein. Millionenfach hat sich die Liebesgeschichte der „Weißen Massai" verkauft. Das Buch der Schweizerin Corinne Hofmann und dessen Verfilmung haben alle Rekorde gebrochen. Die „unschuldig-naive, junge Blondine" im weißen Brautkleid und der „große, edle, archetypische Krieger mit Speer, Schmuck und makelloser, kaffeebrauner Haut" – schöner können nur noch Königshochzeiten sein. „Innere Bilder", ortet die deutsche Ethnologin und Völkerkundlerin Elke Regina Maurer in einer Rezeptionsanalyse, haben da wohl eine mindestens ebenso große Macht wie die realen Bilder.

Intellektuelle rümpfen ob solcher Bilder freilich verächtlich die Nase: „Libidinöse Leibesübung als elegischer Edelkitsch", schreibt der Filmkritiker des „Spiegel" Martin Wolf nach der Filmpremiere, und Kollege Thilo Thielke assistiert mit ebenso tiefer männlicher Verachtung: „30 Jahre nachdem Leni Riefenstahl die Deutschen mit Blut und Hoden der sudanesischen Nuba vertraut machte, quellen die Bücherregale neuerdings über von Schicksalsromanen weißer Frauen, die sich ihre

Erlebnisse mit dem schwarzen Mann von der Seele schreiben.“ Seit Corinne Hofmann ein Kassenschlager geglückt ist, würden in Mombasa „die Hormone verrücktspielen“. Doch dass das Thema Sex in den Kommentaren im Netz und in den Negativbeurteilungen der Presse überhaupt so viel Bedeutung zukommt, findet die Ethnologin Elke Regina Maurer ihrerseits entlarvend. „Angesichts von insgesamt 90 Sekunden“ im Film und wenigen Absätzen im Buch.

Samburu-Spezialist Ole Kaunga verachtet den Hype um „Die weiße Massai“ aus anderen Gründen. Wir sind vom Büro in ein Restaurant übersiedelt. Der Eingang ist neben einer Fleischerei, im Gang zum Lokal hängen hinter Glasscheiben gut ein Dutzend Rinderhälften an großen Fleischerhaken. Drinnen finden wir kaum Platz, die riesige Volksküche quillt über von Menschen. Es ist Mittagszeit, an Dutzenden, einfachen Holztischen dampft Fleisch der frisch geschlachteten Tiere. Wir setzen uns zu einer alten Frau und zwei Männern, die Holzbretter mit Riesenportionen Fleischrippen vor sich haben. Die Alte hat ihren Teller mit Innereien nur halb gelehrt. Den Rest packt sie samt Sauce mit den Fingern in ein kleines Plastiksäckchen, das ihr die Kellnerin nach der Bezahlung der Zeche an den Tisch bringt. Ich bestelle Reisfleisch, indem ich auf die Teller von zwei jungen Frauen am Nebentisch deute. Es schmeckt köstlich. Die Autorin hätte doch bloß ihre eigenen, „persönlichen, wirtschaftlichen und egoistischen Ziele verfolgt“, sagt Ole Kaunga und sieht deshalb „die kulturellen Rechte der Samburu beschädigt“. Auch dass aus ihrer Samburu-Liebe einfach ein Massai gemacht wurde, „nur weil die bekannter sind“, stört ihn maßlos. Vermutlich im 16. Jahrhundert haben sich die Samburu von den Massai abgespalten. „Die Samburu“, sagt er streng, würden es dezidiert vorziehen, „nicht mit den Massai gleichgestellt zu werden“.

„Also wie ist das nun mit der Liebe?“, frage ich die Samburu-Frauen in Umoja. „What about love?“ „Liebt ihr eure schönen Krieger denn nicht?“ Die Antwort scheint nicht ganz einfach, es herrscht langes Schweigen. So lang, dass ich schon befürchte, etwas falsch gemacht zu haben. „Du musst wissen, unsere Gesellschaft ist polygam“, sagt schließlich Seteyo Lenayuso. Sie ist 24 und sollte mit einem alten Mann verheiratet werden. Deshalb ist sie weggelaufen. „Unsere Männer sind sehr gewalttätig“, meint Margaret, die Verwalterin von Umoja und Rebeccas wichtigste Stütze. „Es ist aber nicht so, dass wir sie hassen, wir haben schließlich auch Söhne“, ergänzt Rebecca, „aber unsere Männer sind keine Liebhaber. Sie behandeln Frauen, als seien sie keine menschlichen Wesen. Die Tiere sind wichtiger als wir. Gladice war zum Beispiel in einen Schulkameraden verliebt“, erzählt sie und zeigt auf eine in sich gekehrte junge Schönheit, die ich schon lange aus den Augenwinkeln beobachte, weil sie zu jung scheint, um die Mutter des entzückenden Babys zu sein, das die ganze Zeit lautlos auf ihr herumkrabbelt. Wenn der Kleine zu entschwinden droht, hebt sie ihn kurzerhand zurück auf ihren Schoß. Dann krabbelt er weiter. „Gladice wird bald 18“, erzählt Rebecca. Das Kind sei zehn Monate alt und in Umoja zur Welt gekommen. Als Gladice ihre Schwangerschaft bemerkte, sei auch sie weggelaufen. So etwas wie Liebe gebe es also schon. „Doch nur bei den jungen Leuten. Vor der Beschneidung.“

FGM, „Female Genital Mutilation“ oder weibliche Genitalverstümmelung, sagt die Umoja-Gründerin, „ist ein zentrales Thema unserer Arbeit mit den Frauen in den anderen Samburu-Dörfern. Am Tag ihrer Hochzeit werden alle unsere Frauen beschnitten.“ Ein Entkommen gibt es nicht. Weltweit, so schätzt man, sind zwischen 100 und 140 Millionen Frauen und Mädchen an den Genitalien verstümmelt. In Afrika sind in jedem

Jahr etwa drei Millionen Mädchen von solchen Eingriffen bedroht. „Einzige Chance“, sagt Rebecca, „ist die Flucht.“

In Kenia ist die Praxis, wie in vielen Ländern Afrikas, längst per Gesetz verboten. Doch die Tradition sitzt tief. Seit gut zehn Jahren spreche ich mit Frauen am Kontinent über das Thema. Ich habe ehemalige Beschneiderinnen getroffen, Waris Dirie, die aus Somalia stammende Vorreiterin im Kampf gegen FGM interviewt, war mit der Anti-FGM-Aktivistin Madame Ouedraogo und ihrer Tanztruppe auf Aufklärungstour in Dörfern Burkina Fasos, sprach mit Frauen in Mali, in Liberia, in Eritrea und im Tschad. Erträglich waren all diese Gespräche letztendlich nur dank der Erkenntnis, dass sich eine Haltungsänderung abzeichnet. Quälend langsam zwar, aber doch. Umso anachronistischer, die starre Haltung der Samburu, just im Safari-Land Kenia, einem der offensten und reichsten Länder Afrikas.

„Ja, es stimmt, dass Frauen den Eingriff durchführen“, sagt Rebecca entschuldigend, aber es seien die Männer, die ihn haben wollen. „Die Frauen hier können nicht so einfach sagen, wir pfeifen auf die Kultur. Oft kommen Mütter zu uns nach Umoja und fragen uns um Rat“, erzählt sie. „Wir sagen ihnen dann, sie sollen vorgeben, es zu tun, und nur ganz wenig wegschneiden.“ Meistens schneiden sie nämlich sehr tief. „Du hast dann keine Gefühle mehr.“ Vor allem aber gebe es ständig Probleme bei Geburten. „Frauen sterben oder das Kind stirbt im Bauch, weil es nicht heraus kann. Wir haben doch kaum Ärzte hier.“ Meist seien die Mädchen 15 oder 16, sagt Rebecca. Um frühe Schwangerschaften wie bei Gladice zu vermeiden, oft auch noch jünger. „Ich habe so stark geblutet, dass ich immer wieder ohnmächtig wurde, ich wäre fast gestorben“, schildert die Umoja-Gründerin ihre eigene Verstümmelung mittels Rasierklinge. „Dennoch haben sie nach zwei Tagen gemeint, es sei nicht genug weggeschnitten worden, und machten es noch einmal. Weil die Blutung danach gar nicht mehr aufgehört hat, brachten sie mich ins Krankenhaus. Dort hat man mich einen Monat lang behalten, bevor ich über den Berg war. Heute würde ich meine Mutter und meine Großmutter anzeigen", sagt sie. Und da ist sie wieder, ihre unbändige Wut. „Sie zerstören einfach dein Leben", schimpft sie und spuckt zerkaute Holzreste auf den Boden. Dann zeigt sie mir die Frauen in der Runde, die nicht beschnitten sind. Neben Grace sind es noch ganze drei. Für ihre Flucht und den Bruch mit der jahrhundertealten Tradition zahlen sie einen hohen Preis. Geächtet und verstoßen können sie wohl nie mehr zu ihren Familien zurück.

„Unbeschnittene Frauen sind nicht erwachsen", sagt wenige Tage später der kenianische Manager der wildromantischen „Samburu Sopa Lodge". Sie ist nur eine knappe Autostunde von Umoja entfernt. Zu dritt sitzen wir abends vor einem beleuchteten Wasserloch im Samburu National Park. Der Arzt ist gekommen, weil ich starkes Fieber habe. „Als wir Kinder waren", erzählt der Manager, „haben wir in der Schule immer geraten, welche der Mädchen beschnitten sind und welche noch nicht. Es war ganz leicht zu erkennen. Die einen waren ruhig und zurückhaltend, die anderen dagegen aufreizend und zickig. Der Arzt pflichtet ihm bei, er nickt schüchtern. Mit seiner kleinen, runden Brille sieht der schlanke, feingliedrige junge Mann genau so aus, wie man sich einen kenianischen Intellektuellen vorstellt. „Aber FGM ist eine schwere Menschenrechtsverletzung, Frauen haben ein Recht auf die Unversehrtheit ihres Körpers, auf ihre Sexualität." Jetzt tobe ich, doch die beiden lachen mich nur aus. Männer würden doch auch beschnitten, die Sexualität würde überhaupt nicht leiden, argumentieren sie. Glücklicherweise ist das Gespräch hier zu Ende, denn unter den wenigen Safari-Gästen herrscht plötzlich helle

Aufregung. Auf leisen Sohlen hat sich ein wildes Tier dem Wasserloch genähert. Es ist ein Leopard. Kein alltäglicher Anblick, selbst in nahezu unberührten Out-of-Africa-Destinationen wie in Samburu. Lange hockt er da und trinkt. Den Kopf weit nach vorne gebeugt, um an den Pranken nicht nass zu werden. Wir starren ihn bewundernd an. Nur das Zirpen der Grillen durchdringt die fast feierliche Stille. Kein Fotoapparat klickt, dazu ist es bereits zu dunkel.

Als ich nach Umoja zurückkehre, sind deutsche Touristen da. Abends singen sie „Hoch auf dem gelben Wagen“, dann kriechen sie in ihre Zelte, die sie neben dem Restaurant aufgeschlagen haben. Ich sitze noch lange mit Rebecca unter dem matten Licht einer Glühbirne hinter der Küche. Am nächsten Tag will sie mit mir nach Nairobi zurückfahren. Hier zu bleiben sei für sie derzeit wirklich zu gefährlich, sagt sie und erzählt die Geschichte von Rose, einer 43-jährigen Frau, die vor fünf Jahren vor ihrem gewalttätigen Mann ins Dorf der Frauen geflüchtet war. „Sie wollte noch einmal zurück, um einige Habseligkeiten zu holen. Ich habe sie davor gewarnt“, sagt Rebecca. „Vergiss die Dinge, geh nicht zurück“, habe sie gesagt, doch Rose ließ sich nicht abhalten. Einige Tage später sei ein kleiner Zug von Menschen oben an der Straße vorbeigezogen. „Sie haben sie an Umoja vorbeigetragen“, sagt Rebecca und sieht versonnen in den überbordenden Sternenhimmel. Sie war tot.

# Tausend und eine Nacht in der Hölle

## Darfur und die Spaltung des Sudan

Den ganzen Tag über sehe ich Bilder. Der kleine Monitor auf dem Schreibtisch flimmert: Nordafrika, Amerika, Nahost, Unfälle, Armeen, Fukushima, Panzer, Katastrophen, Pressekonferenzen, Reuters, EBU, Associated Press, Al Jazeera, was immer. Professionelle Aufmerksamkeit erfährt aber nur, was die Tagesstory erfordert. Doch die Bilder aus der fernen Wüste hatten sich in meinem Kopf festgekrallt. Damals, in der ersten Hälfte des Jahres 2004. Es waren Traumsequenzen wie aus Tausend-und-einer-Nacht. Stolze Männer mit weißen Gewändern und Turbanen, Esel, lachende Kinderscharen. Frauen, eingehüllt in bunte Stoffe, die wie ein Hauch im heißen Wüstenwind verwehen, das schwarze Antlitz makellos schön. Und über allem wölbt sich ein endloser, blauer Himmel. Was für ein Kontrast. Jeder weiß doch: Das ist Darfur, das ist die Hölle.

Der Kontrast ist es, der mich nicht mehr loslässt, aber auch das Rätsel: Warum? Warum will man diese Menschen umbringen? Warum behandelt man sie wie Aussätzige, vertreibt sie aus ihren Hütten, tötet sie wahllos? Warum schlitzt man ihnen die Kehlen auf, warum erniedrigt man sie, vergewaltigt sie, immer und immer wieder? Ich hatte Kontakt zu Oppositionellen in London aufgenommen, über sie ein Kamerateam aufgetrieben. Wir vereinbaren einen ansehnlichen Dollarbetrag. Dafür versprechen die Sudanesen professionelles Equipment, einen guten Kameramann und, am allerwichtigsten, sie garantieren alle Bewilligungen. Einreisebewilligung, Reisebewilligung, Fotobewilligung, Drehbewilligung und was sonst so an

Bewilligungen notwendig ist in einem mächtigen, autoritären Staat, der einiges zu verbergen hat. Verlässliche Leute vom sudanesischen Fernsehen seien das, versichert der Oppositionelle, den ich aber auch nicht persönlich kenne. „Na ja, wenn sie nicht in Schwarz-Weiß drehen", witzelt mein damaliger Chefredakteur, weil er sich die für uns notwendige, hohe technische Bildqualität in einem Land wie dem Sudan einfach nicht vorstellen kann. Doch er hat Vertrauen und lässt mich ziehen.

Der Flug führt zunächst nach London. Erst am folgenden Morgen geht es weiter nach Khartum. Ja, die Lage in Darfur sei äußerst gefährlich, sagt die feste Stimme am Telefon. Auch nicht gerade beruhigend. Samantha Mohar heißt die Frau. Sie arbeitet bei Amnesty International, Zentrale London, Sudan Desk. Am Ende tut das Gespräch aber doch gut. Jetzt weiß Amnesty meinen Namen, weiß, dass ich dort sein werde. Allein und verwundbar. Eine weiße Journalistin mit einer sudanesischen Crew und einer ansehnlichen Anzahl Dollarnoten. Doch was ist ein mulmiges Gefühl gegen die Gefahr, in der sich die gut zwei Millionen Flüchtlinge befinden? Ja, natürlich, sagt Samantha am Telefon in London, gebe es in den Lagern Darfurs Geheimpolizei, Spitzel und Verräter. Und: Ja, natürlich würde ich die Flüchtlinge in Gefahr bringen, wenn sie vor der Kamera ihre Peiniger preisgeben, wenn sie Namen nennen, Orte und Daten. Aber was ist die Alternative? Schweigen? Nein.

Es ist fast Mitternacht, als die Maschine in Khartum landet. Wir haben zwei Stunden Verspätung. Und wenn jetzt gar niemand da ist? Wenn sie schon weg sind? Oder wenn sie gar nie da waren? Kann ich allein da raus? Ohne Kopftuch? Mitten in der Nacht? Und wenn ja, wo soll ich hin? Es hämmert im Kopf, doch die Routine stört das nicht: Anstellen, Visum vorweisen, Koffer suchen und dabei die üblichen „Was mache ich, wenn der Koffer nicht da ist"-Gedanken verdrängen. Doch es dauert nicht lange, schon winkt eine schlanke, zierliche, junge Frau. Das Kopftuch hat sie lässig über Kopf und Schulter geworfen. „Hi, are you Margit?", fragt sie. „As-Salāmu Alaykum." Ihr älterer Bruder, hoher Mitarbeiter beim sudanesischen Fernsehen, zeigt sich ebenfalls erfreut. Beide wirken so gar nicht genervt. Als sei es ganz normal, stundenlang auf dem Flughafen auf jemanden zu warten, den man nicht kennt. Ganz ohne Umschweife küsst er mich links und rechts und heißt mich herzlich willkommen im Sudan. Er spricht zwar nur Arabisch, in seiner Jeansjacke wirkt er aber so gar nicht fundamentalistisch. Meine ängstlichen Vorurteile sind Unsinn, alles scheint okay.

Doch nur kurz. Schon wenig später sitzt ein Mann vom Außenministerium mit uns im Auto. Ich bemühe mich, Freundlichkeit zu verströmen, obschon ich wütend bin. Hatten wir nicht per E-Mail ausgemacht, dass uns kein Regierungsspitzel nach Darfur begleitet, dass ich frei arbeiten kann? Der Wagen fährt durch stockdunkle Nacht, die breiten Straßen sind gespenstisch leer. In den Nachtstunden gilt Ausgangssperre in Khartum. Seit dem Militärputsch von Omar Hassan Al-Bashir im Jahr 1989 lebt das größte Land Afrikas mit Notstandsgesetzen, die erst 2005, nach dem Friedensvertrag mit dem Südsudan, wieder aufgehoben werden.

Al-Bashir ist der erste amtierende Staatschef, gegen den der Internationale Strafgerichtshof einen Haftbefehl ausgestellt hat. Seit dem Ende der Kolonialzeit herrscht im Sudan fast ununterbrochen Krieg. Insgesamt 38 lange Jahre. 16 davon unter Al-Bashir. Mit seiner arabischen Führungsclique in Khartum führt er Krieg gegen die afrikanischen Völker des Südens. Gegen die „Schwarzen". Die Dinka, die Nuba, die Nuer, die Shilluk, die Azande und die anderen. Für die Herrenrasse im Norden, die höchstens zehn Prozent der Bevölkerung ausmachen, waren sie seit jeher Untermenschen. Als unerschöpfliches Sklavenreservoir erachteten sie bereits die alten Ägypter. Und selbst heute gibt es noch Fälle von Sklaverei im Sudan. Die junge Nuba Mende Nazer schildert in ihrem Buch „Slave“, wie ihr Dorf 1992 überfallen und niedergebrannt wird. Wie sie vergewaltigt und nach Khartum verschleppt wird. Sie ist damals gerade einmal zwölf Jahre alt. Erst im Jahr 2000 entkommt sie der reichen Familie, die sie als Haussklavin gekauft hat und als ihr Eigentum betrachtet. „Abid“, Sklaven, nennen die Araber im Norden die Schwarzen im Süden noch heute gern. „Die palästinensischen Brüder sind denen doch näher als die eigenen Landsleute“, schimpft ein Student in Khartum. Der Endloskrieg Nord gegen Süd war auch „ein Kampf der Kulturen“, einer zwischen „Kameltreibern und Ackerbauern, zwischen Muslimen und Christen“, zitiert der Afrika-Korrespondent des „Spiegel“, Thilo Thielke, einen sudanesischen Politologen. Es war ein „Krieg zwischen hellhäutigeren Arabern und tiefschwarzen Afrikanern“, ein Krieg „zwischen Menschenjägern und ihren Opfern“. Es war einer der blutigsten des Kontinents. Zwei Millionen Tote lautet die Bilanz. Weitere vier Millionen trieben die massenhaften ethnischen Säuberungen, die Krankheiten und die Not in die Flucht. Mehr als irgendwo sonst auf der Welt.

Und nun – nicht zufällig kurz bevor sich die Kriegsparteien zwischen Nord und Süd zu einigen scheinen und der langersehnte Friedensvertrag in Reichweite ist – brennt der Westen des Riesenlandes. Brennt Darfur. Die Lösung im Süden heizt die Rebellion an. Die Region Darfur, fast so groß wie Frankreich, fühlt sich „marginalisiert“. Die Bewohner verlangen ihren gerechten Teil vom Kuchen. Der Aufstand beginnt im Februar 2004 mit einem Rebellenangriff auf Militärposten in Al-Faschir, der Hauptstadt von Norddarfur. Die Antwort Al-Bashirs und der ihn umgebenden elitären Clique kommt postwendend und sie ist so brutal wie eh und je. Die Regierung schickt Stellvertreter aus, die dem rebellischen Treiben ein Ende bereiten sollen. Wie ein Feuersturm fallen die Janjaweed – übersetzt etwa so viel wie „Teufelsreiter“ – auf Pferden und Kamelen in den Dörfern ein. Sie morden Männer, Frauen und Kinder, brennen ihre Hütten nieder und machen die Dörfer dem Erdboden gleich. Die meisten bleiben für immer unbewohnbar.

Die Männer im Auto unterhalten sich sehr angeregt auf Arabisch. Plötzlich bleibt der Wagen stehen. Der Regierungsbeamte wünscht auf Englisch alles Gute für die Weiterreise. Ich danke verdutzt. Bei seinen Freunden vom Fernsehen sei ich in den besten Händen, versichert der nette Herr noch und ward nie wieder gesehen.

Wenige schlaflose Stunden später warte ich vor dem Hotel darauf, dass mich meine neu gewonnenen Freunde wieder abholen. Verschwommen rot und wohlig warm ist der frühe Morgen. Doch wo bleiben sie? Schon wieder packen mich Zweifel. Erst eine halbe Stunde später hupt ein Wagen auf der anderen Straßenseite. Mit von der Partie ist nun ein kräftiger Kameramann. Sein Spitzname ist „Mango“. Er ist noch ein wenig verschlafen, wirkt aber sofort sympathisch. Seine Ausrüstung sieht tatsächlich professionell aus und er kann sogar einige Brocken Englisch. Auf nach Darfur! Warum war ich bloß so misstrauisch?

Der Flug nach Süddarfur dauert nicht einmal zwei Stunden. Gebannt starre ich aus dem Fenster und tatsächlich sind vor der Landung niedergebrannte Dörfer auszumachen. „An die 200 Dörfer sollen die Luftangriffe – angeordnet von der Zentralregierung in Khartum – im Westsudan schon zerstört haben“, berichten wir in der „Zeit im Bild" am 30. Januar 2004. „Nachdem die Antonov-Bomber der Regierung ihre tödliche Fracht vom Himmel geworfen haben, fallen arabische Nomadenmilizen auf Pferden und Kamelen ein, schildern die Flüchtlinge." Immer klarer beginnen die Medien in diesem ersten Halbjahr 2004 zu realisieren, was in der fernen Halbwüste passiert. Immer mehr Bilder von verlassenen Geisterdörfern, von weinenden, schreienden Opfern erreichen uns: „Ein Dorf im Westsudan", heißt es im ZiB-Bericht Ende April, „das Spital ist eine Ruine. In der Schule gibt es keine Kinder mehr. Sie sind vertrieben, verschleppt oder tot. Was hier passiert, ist Völkermord, warnen Menschenrechtsgruppen."

Darfur rüttelt die Welt wach. Doch das heißt nicht, dass sie auch reagiert. Die Liste der Anklagepunkte gegen Al-Bashir in Den Haag ist jedenfalls lang: Kriegsverbrechen, Verbrechen gegen die Menschlichkeit, absichtliches Ausführen von Angriffen auf eine zivile Bevölkerung, Brandstiftung, Mord, Vernichtung, Zwangsumsiedlung, Vergewaltigung, Folter. „Diese Menschen brauchen keine Gaskammern", sagt der Chefankläger in Den Haag, Luis Moreno Ocampo, ein wenig plakativ. „Sie haben kein Wasser, keine Nahrung, kein Vieh, die Wüste tötet sie."

In der Provinzhauptstadt Nyala beziehen wir Quartier. Ich im einzigen einigermaßen bewohnbaren Hotel, meine Crew bei Verwandten. Das Städtchen ist nett, seine Bewohner sind freundlich, doch ich bin ungeduldig und unleidlich. Denn unsere Reisebewilligung für Darfur, erklärt man mir nun, bedeute nicht, dass man auch hinaus in ein Flüchtlingscamp fahren dürfe. Und die Drehgenehmigung gestatte auch nicht automatisch das Drehen in einem solchen Camp. Aber „no problem", sagen die Freunde, „alles wird gut". Natürlich glaube ich wieder kein Wort. Zwei zähe Tage ziehen sich hin. Dann klappt es plötzlich doch. Als stolze Besitzer zweier weiterer Bewilligungen und vier kostbarer Kopien – für jeden eine – fahren wir morgens los. Hinaus in die endlose Weite Darfurs. Hinaus in die Hölle.

Knapp 40 Minuten, dann tauchen die ersten Flüchtlingszelte im roten Sand der Ebene auf. Und bald werden es mehr und immer mehr. Schier endlos zieht sich das Elend hin. Die Planen der Zelte flattern im Wind. Sofort folgen uns schreiende Kinderhorden auf Schritt und Tritt, die stolzen Frauen blicken interessiert auf und schwingen die bunten Tücher enger um den Kopf, wenn wir uns nähern. Die Männer mit den weißen Gewändern heben die Hände zum Gruß. Alle sind sie nur zu gerne bereit, ihre Geschichten zu erzählen. Die Welt soll sie hören. Darfur braucht Hilfe. Mangos Kameraführung ist großartig, die Bildqualität ist hervorragend.

„Kalma Camp in Süddarfur", heißt es im Bericht später. „An die 100.000 Menschen leben hier, manche sind seit Monaten da, andere sind Neuzugänge. Denn entgegen anders lautenden Beteuerungen dauern die Vertreibungen an. Nichts ist mehr, wie es war. Nicht einmal der Regen. Der ist im Sahel normalerweise ein Segen, aber auch das ist jetzt anders. Jeder Wolkenbruch verwandelt die Camps in Schlammwüsten. Gerade noch übermächtig heiß und schwül, wird es plötzlich kalt. Decken gibt es keine. Die Feuchtigkeit kriecht in die Knochen. Die Folgen sind Husten, lebensbedrohlicher blutiger Durchfall und Malaria. Und zu all dem kommt der Hunger."

Um 17 Uhr müssen alle Ausländer raus aus dem Camp. Die Heimfahrt nach dem Regen ist schwierig. Auch unser Wagen bleibt im Schlamm stecken. Am nächsten Tag sticht die Sonne wieder gnadenlos, der Boden ist so trocken und staubig wie zuvor. Bis zum Nachmittag. Bis zum nächsten Regen. „Unsere Untersuchungen bestätigen erneut das systematische und gut organisierte Plündern und Zerstören von Dörfern, das zu erzwungenen Vertreibungen der ländlichen Bevölkerung Darfurs führt", heißt es in einem Bericht von Amnesty International vom Juni 2004. „Die Janjaweed, oft in Militäruniformen und begleitet von Soldaten, griffen jedes Dorf nicht nur einmal, sondern oft zwei- oder dreimal an, bevor die Bevölkerung endgültig floh." Doch wer wird für all das bezahlen?

„Sudan – who will answer for the crimes?" Diese ausführliche Untersuchung der Menschenrechtsorganisation habe ich in meinem immer dicker werdenden Ordner mit Unterlagen zum Sudan, als ich ein halbes Jahr später, im Januar 2005, das zweite Mal nach Darfur aufbreche. Diesmal komfortabler. Mit ORF-Kameramann und Unterstützung vieler NGOs, die sich an der Hilfsaktion „Nachbar in Not" des ORF für Darfur beteiligen.

Viel hat sich nicht verändert. Die riesigen Flüchtlingslager sind immer noch da. 150 sind es insgesamt. Jeder Schritt hinaus ist für die Flüchtlinge lebensgefährlich. Frauen und Mädchen werden beim Sammeln von Feuerholz angegriffen und oft tagelang verschleppt und vergewaltigt. Junge Männer und Knaben werden als Kämpfer rekrutiert. Für die NGOs ist Darfur zum größten Operationsgebiet weltweit geworden. 14.000 Freiwillige helfen den Flüchtlingen und erleichtern das schlechte Gewissen der Welt. Immerhin: Die kleinen schwarzen Babys in Darfur verhungern nicht mehr. Das Interesse der Medien ist damit versiegt. Der Tross der großen Fernsehanstalten ist weitergezogen.

Die Arbeit der Helfer ist gefährlicher geworden, bestätigen auch die zwei großen, blonden Frauen vom Deutschen Roten Kreuz, in deren Haus der Kameramann und ich Unterschlupf gefunden haben. Hotel gibt es hier keines. Die Rebellen stehen gerade vor den Toren von Al-Faschir, die Kämpfe rücken bedrohlich näher. Die Stimmung ist gespannt und aufgeheizt. Abends kochen wir Nudeln. „Keine Chance, im Ernstfall hier rauszukommen“, sagen die beiden beim Essen im offenen Innenhof, „der nächste Rot-Kreuz-Hubschrauber ist Hunderte Kilometer entfernt.“ Lange können wir nicht verweilen. Wie ein eiskalter Hauch legt sich die stockdunkle Nacht auf den durch die sengende Sonne des Tages aufgeheizten Körper. Wir frieren. Später lausche ich unter der warmen Decke und dem Moskitonetz der Stille der Nacht. Sie ist unheimlich.

Das Lager Zam Zam, in dem das Rote Kreuz tätig ist, ist nur 20 Minuten entfernt. In der Krankenstation hat die 19-jährige Sukara Hussein eben erst ein Kind zur Welt gebracht. „Namen hat das Mädchen noch keinen“, heißt es im Bericht später. „Vor sechs Monaten“, erzählt die junge, zarte Frau mit leiser Stimme, „haben Männer auf Kamelen unser Dorf überfallen und niedergebrannt.“ Sukara Hussein sitzt aufrecht auf einem der einfachen Klappbetten, das kleine Bündel im Schoß. Verlegen zupft sie an ihrem bunten Kopftuch. Vom Vater fehlt seither jede Spur. Vermutlich ist er tot. „Doch auch dieses Neugeborene, nennen wir es Fatima, wird einmal Fragen stellen“, endet die Geschichte im ORF. „Fatima wird wissen wollen, wer ihren Vater getötet hat.“ Während des Gesprächs mit der jungen Mutter gibt es in Zam Zam Evakuierungsalarm. Ein Mord sei geschehen, eine aufgebrachte Menge rufe nach Rache, heißt es. In rasender, aber geordneter Fahrt brettern die PS-starken weißen Toyota-Geländewagen der verschiedenen NGOs hinaus aus dem Camp.

Politisch bleibt alles beim Alten im Sudan. Sanktionen oder gar Truppen für Darfur muss Khartum nicht fürchten. Sie sind in der UNO nicht durchsetzbar. Vor allem China macht gute Geschäfte mit Waffen und Öl im Sudan. Nicht einmal zu einem

Flugverbot über Darfur kann sich die internationale Gemeinschaft durchringen. Zehn Jahre nach Ruanda. „Wir wissen, dass die Regierung vor zirka vier Monaten Waffen im Wert von 300 Millionen Dollar angekauft hat. Uns gibt das zu denken", erklärt uns Homayoun Alizadeh vom UN-Hochkommissariat für Menschenrechte im UN-Hauptquartier in Khartum, „weil wir sagen: bitte, wenn eine Regierung jetzt Frieden abschließen will, wozu braucht diese Regierung neue Waffen?"

„Unglücklicherweise ist dieses Land eine Militärdiktatur", sagt Hassan al-Turabi, Mastermind der sudanesischen Islamisten und einst engster Mitstreiter Al-Bashirs. Seit mehr als drei Jahrzehnten ist er ein wichtiger politischer Faktor im Land. Er war es, der einst Osama bin Laden persönlich in den Sudan eingeladen hat. Heute ist Hassan al-Turabi einer der schärfsten Kritiker des sudanesischen Staatschefs. Terror und Gewalt hat er abgeschworen. „Die Machthaber wollen Macht und Mittel nicht mit dem rückständigen Süden und Westen teilen. Sie wollen die ganze Macht", sagt er. Der schlanke, feingliedrige Intellektuelle hat zahlreiche politische Attentate überlebt. Immer wieder ist er in Haft. Heute gilt Hassan al-Turabi als graue Eminenz der größten von Darfur aus kämpfenden Rebellengruppe, der „Bewegung für Gerechtigkeit und Gleichheit", der JEM.

Das Interview findet nach Mitternacht in seinem Haus statt. Es ist Ramadan, tagsüber muss der große Anführer der fundamentalistischen Muslimbrüder fasten, wie alle Muslime. Wir schreiben Ende 2006. Zwei Jahre nach meinem letzten Besuch hat sich das verstaubte Khartum stark verändert. Der neue Ölreichtum ist weithin sichtbar. Stolz zeigt der Taxifahrer das damals noch in Bau befindliche „Gaddafi-Ei", das imposanteste der neuen Hochhäuser. Bauherr ist ein libyscher Staatskonzern, deshalb der Spitzname. Seine Ähnlichkeit mit dem Burj Al Arab, dem 6-Sterne-Luxushotel in Dubai, kann das Prestigeobjekt nicht leugnen. Doch vom Reichtum profitiert nur eine kleine Elite.

„Hi, so you are back“, sagt George. Der freundliche, graumelierte Mann führt gemeinsam mit seinem Bruder das alteingesessene Hotel „Acropole“, *die* Adresse für ausländische Journalisten in Khartum. Die Familie hat Wurzeln in Griechenland, lebt aber seit vielen Jahrzehnten im Sudan. „CNN ist auch da“, sagt George, als er mir am nächsten Morgen im einfachen Frühstücksraum begegnet, „und auch die BBC.“ Beide seien „drüben in Darfur“. Für mich wäre ein Flug in den Westen jetzt definitiv zu gefährlich. Zu wenig Power im Rücken, zu wenig Dollarbündel für Bestechung und Ernstfall.

Darfur ist schlimmer geworden. Noch schlimmer. Nach bald vier Jahren sind Gewalt und Rechtlosigkeit weiter gewuchert. Ein stinkendes Geschwür, das sich auch durch die Anwesenheit von mittlerweile 7000 Soldaten der Afrikanischen Union nicht eindämmen lässt. Sie dürfen nur zusehen und die Gräueltaten protokollieren, mehr gibt ihr Mandat nicht her. Die Rebellengruppen sind gespalten. Jeder kämpft gegen jeden. Viele der schönen, hehren Freiheitskämpfer mit ihren verträumten Blicken sind einfache Banditen geworden. Es wimmelt vor Waffen, jeder fuchtelt mit der Kalaschnikow herum. Vor allem die arabischen Reiterbanden, die das Regime Al-Bashir jetzt wieder anpeitscht. Die Lage spitzt sich zu. Deshalb sind auch die Medien wieder da.

„Wir brauchen dringend eine politische Intervention, um das Morden zu stoppen. Der Krieg ist wieder voll entbrannt, die Regierung hat eine neue Offensive gestartet. Ihre Luftwaffe ist im Einsatz und auch ihre bezahlten Janjaweed-Milizen“, sagt Mubarak al Fadil al Mahdi, der Vorsitzende der einflussreichen, islamischen Umma-Partei. Im imposanten Salon des Parteigebäudes zeigt mir der großgewachsene Mann mit dem wehenden Gewand und dem weißen Turban eine eindrucksvolle Galerie historischer Fotos, darunter die Unterzeichnung der Unabhängigkeit von den Briten 1956. „Hier, sehen Sie, das ist mein Urgroßonkel."

Einen beachtenswerten Anteil an der wechselvollen Geschichte des Sudan hat auch ein Österreicher. Rudolf Anton Karl Slatin, später „Slatin Pascha" genannt, ein Wiener Söldneroffizier im Dienste der anglo-ägyptischen Armee. 1881, im Alter von erst 24 Jahren, hatte er es zum Gouverneur von ganz Darfur gebracht. Seit der ersten Reise in den Sudan bringe ich den österreichischen Abenteurer im Small Talk immer wieder ins Spiel. Slatin lockert Gespräche und öffnet Türen. Jeder, der in Khartum zur Schule gegangen ist, kennt den österreichischen Haudegen. „Da könnten wir doch eine Co-Produktion zwischen dem österreichischen und dem sudanesischen Fernsehen machen", schlägt der Vize-Außenminister vor. „Sie zeigen Ihre Seite, und wir unsere."

Vier Jahre lang gelingt es Slatin Pascha, dem Sohn jüdischer Eltern aus Ober St. Veit bei Wien, in Darfur erbitterten Widerstand gegen den radikal-islamischen „Mahdi", den „Gesandten Allahs", zu leisten. Auch der Übertritt zum Islam rettet Slatin nicht. 1883 fällt er in die Hände des legendären Anführers. Zwei Jahre später gelingt es den Mahdisten, Khartum einzunehmen. Die meisten dort verbliebenen Europäer, unter ihnen auch der britische Nationalheld Charles Gordon, werden getötet. Im britischen Mutterland löst das „eine patriotische Welle der Trauer und Empörung" aus, schreibt Georg Brunold, Schweizer Journalist, Schriftsteller und Afrika-Kenner in seinem Vorwort zu Winston Churchills „Kreuzzug gegen das Reich des Mahdi". Slatin Pascha bleibt zwölf lange Jahre in

Gefangenschaft des charismatischen Anführers. 1895 gelingt ihm die abenteuerliche Flucht. Nur ein Jahr später erscheint in Leipzig sein Buch „Feuer und Schwert im Sudan“. Es wird über Nacht zum Weltbestseller, ebenso wie das des Südtiroler Missionars Josef Ohrwalder, der zehn Jahre Gefangenschaft hinter sich hat. Es sind nicht zuletzt diese beiden Augenzeugenberichte, die die öffentliche Meinung der Briten so sehr gegen die Schreckensherrschaft der fanatischen Derwische aufbringen, dass sich die britische Regierung bald darauf gezwungen sieht, den Sudan von den Mahdisten zu befreien. „Man verübte alle nur erdenklichen Grausamkeiten“, schildert Slatin Pascha die brutalen Überfälle der Derwische, „peitschte die Armen bis aufs Blut, schlug sie mit Stöcken halbtot und hängte sie mit den Füßen an den Bäumen auf.“ Das war 1883.

125 Jahre später folgen nach und nach exakt 1669 weitere Österreicher dem Ruf in die ferne Wüste. Es sind Soldaten des Bundesheeres. Im Rahmen einer EU-Truppe sollen sie im Nachbarland Tschad für die Sicherheit von einer halben Million Flüchtlinge aus Darfur und dem Tschad sorgen. Schutz brauchen aber auch Hunderte Mitarbeiter internationaler Hilfsorganisationen. Die Überfälle auf sie nehmen kein Ende, Transporte werden geplündert, Helfer entführt. Für einen Franzosen fordern Kidnapper eine Million Euro. „In den endlosen Weiten wimmelt es von arabischen Killern aus Darfur, von verschiedenen Rebellengruppen und von Aufständischen, die die jeweiligen Despoten vom Sockel der Macht stürzen wollen. Die Region strotzt vor Waffen und genau deshalb auch vor immer mehr Flüchtlingen“, berichten wir aus Abéché im Osten des Tschad. Das Krebsgeschwür ist noch weiter gewuchert. Fast tausend Kilometer lang zieht sich die Grenze zwischen dem Tschad und dem Sudan hin. Eine unsichtbare Linie mitten im Sand. Es ist eine entlegene, rechtlose Gegend – und eine der

gefährlichsten. Knapp 60 Kilometer sind es von Abéché bis zur Grenze von Darfur. Bis 2009 dauert der Einsatz der EU-Truppe, seither hat die UNO das Kommando über die Tschad-Mission. Zwei weitere Putschversuche gegen den tschadischen Präsidenten sind inzwischen im Sand verlaufen.

Anfang 2011 nähert sich die Gewalt in Darfur erneut dem Niveau der schlimmsten Jahre 2004 und 2005. „Mehr als 70.000 Menschen sind in den vergangenen drei Monaten vor Kämpfen in der sudanesischen Unruheprovinz Darfur geflohen", berichtet die Nachrichtenagentur Reuters am 22. März 2011. Damit stieg UN-Angaben zufolge allein im Flüchtlingscamp Zam Zam die Zahl der Schutzsuchenden um mehr als ein Drittel. Auf an die 170.000. Seit feststeht, dass der Südsudan vom Rest des Landes abgespalten wird, häufen sich solche Schreckensmeldungen wieder.

Knapp 1200 Kilometer sind es von Khartum in die Hauptstadt des Südens, nach Juba. Es ist ein Flug in eine andere Welt. Wenn er denn stattfindet. Seit 7 Uhr früh sitzen wir nun schon am Flughafen und warten. Es ist April 2010. Wir verfolgen die ersten freien Wahlen im Gesamtsudan seit 24 Jahren. Die Sudanesen sind stolz, ihr Wahlrecht ausüben zu dürfen. Die Menschen in Afrika sind jung, die meisten wählen zum ersten Mal. Doch Aussagekraft haben die Ergebnisse keine. Al-Bashir manipuliert, die Opposition boykottiert, der Süden wählt ohnehin ausschließlich die eigenen Parteien. Die des Südens. Dennoch: Es ist ein wichtiger Schritt im komplexen Friedensvertrag. Die USA und die EU haben Beobachter geschickt. Nicht gerade zur Begeisterung des Herrschers. „Wenn sie sich in unsere Angelegenheiten einmischen, werden wir ihre Finger abschneiden und sie aus dem Land jagen", donnert er.

Will er uns jetzt vom Flug in den Süden abhalten? Die kleine Gruppe von Journalisten, die die Leiterin der EU-Delegation zum Treffen mit Salva Kiir, dem Präsidenten des Südsudan, begleitet, wird langsam ungeduldig. Wo bleibt die Maschine? Nach einer Stunde sagt man uns, die sei gar nicht das Problem, sondern der Pilot. Der habe nämlich Durchfall. Dann heißt es, US-Wahlbeobachter Jimmy Carter habe sich unsere Maschine geschnappt, auch er sei auf dem Weg nach Juba. Die Verschwörungstheorien häufen sich. In etlichen Sprachen schwirren sie durch die stickige Luft der trostlosen, kleinen Halle. Spanisch, Französisch, Englisch, Deutsch. Die EU wartet. Nicht nur Stunden, sondern Tage. Am nächsten Morgen sind wir wieder da, doch erst am darauffolgenden sitzen wir im Flugzeug nach Juba.

Salva Kiir, der Präsident mit dem Schlapphut, empfängt die Leiterin der EU-Mission, Veronique De Keyser, im provisorischen Parlamentscontainer. Auch er lässt auf sich warten. Zeit genug, sich umzusehen. Die Regierungsbank besteht aus einem langen Tisch mit weißem Tischtuch, darauf stehen Schilder mit Namen von Regierungsmitgliedern. Am oberen Ende thront der Stuhl des Präsidenten. Dahinter hängt schlapp eine große Fahne des neuen Staates. Alles wirkt dünn und provisorisch, wie eine Kulisse in einem Hollywood-Studio. Doch der Film läuft bereits. Das christliche Juba ist die am schnellsten wachsende Stadt auf dem Kontinent. Chinesische Baufirmen sind schon emsig tätig. Alle NGOs der Welt sind längst da und verstopfen mit ihren Geländewagen die einzige große Straße. In Juba fließt die Hilfe schon lange bevor jemand danach gerufen hat. In Scharen sind Geschäftsleute aus den umliegenden Ländern gekommen, und selbst Glücksritter aus anderen Kontinenten, aus Indien, China und Europa, sind eingefallen. „Hier ist großes Geld zu machen“, ist ein weißer Holländer überzeugt, an dessen Bar wir einige Whiskys zu viel genießen, bevor es wieder in den strengen, muslimischen Norden zurückgeht, in dem jeder Tropfen Alkohol verboten ist.

Weit weg wirkt auch für mich in diesen Tagen im Südsudan die triste Welt der Flüchtlinge in Darfur. Wie schnell sind sie vergessen, die flüchtigen Gestalten aus Tausend-und-einer-Nacht. Immer mehr ist ihr Leiden über die Jahre verstummt. Schon 2004, bald nach Beginn des Konflikts, spricht der US-Kongress von Völkermord in Darfur. 45 Mitglieder schreiben einen Brief an den damaligen UN-Generalsekretär Kofi Annan, um ihn zum Einschreiten in Darfur zu bewegen. Darin heißt es: „Die Welt wird in zehn Jahren aufwachen und sich fragen, warum nichts getan wurde, um die Menschen zu beschützen. Die Beweislage ist klar. Wir können nicht sagen, wir hätten es nicht gewusst."

*Eritrea, Äthiopien*

# Die Freiheit stirbt
## Das größte Journalistengefängnis der Welt

Wer Massawa betritt, dem recken sie die Rohre entgegen. Die zwei Panzer, die am Eingang der heißen Hafenstadt am Roten Meer an den heroischen Befreiungskampf der Eritreer erinnern, sind allerdings alles andere als martialisch. Aus ihren Rohren schießen dünne Wasserfontänen. Die Panzer sind zu Springbrunnen umfunktioniert. Sie sehen aus, als würden sie pinkeln. Jedem Land seine Denkmäler, könnte man meinen, wäre die Sache nicht so ernst. „30 Jahre lang hat man uns gesagt, der Tod der Freiheitskämpfer hätte einen Sinn gehabt. Doch jetzt? Wofür sind sie gestorben? Wie konnte es so weit kommen?" Die zierliche Menschenrechtsaktivistin Elizabeth Chyrum versteht es bis heute nicht. Ihr gesamtes Leben hat die Exil-Eritreerin für ihr Land gekämpft, sie hat eine Organisation gegründet, „Human Rights Concern – Eritrea" heißt sie. Das ganze Jahr über jettet Chyrum um die Welt, in Verkündung der immerselben Klagen: „Eritrea hat es nicht verdient, Eritrea braucht Aufmerksamkeit." „Es gibt kein Recht in Eritrea." „Die Eritreer sind paralysiert. Sie haben Angst." „Die Menschen in Eritrea brauchen Hilfe."

Ich treffe Elizabeth Chyrum beim 25-Jahr-Jubiläum von „Reporters sans frontières" in Paris. Auf dem Index der Pressefreiheit der Journalistenorganisation rangiert Eritrea seit nunmehr fünf Jahren unangefochten an letzter Stelle. Auf Rang 178, hinter Turkmenistan und Nordkorea. „Eritrea ist das größte Journalistengefängnis der Welt", formuliert „Reporter ohne Grenzen" provokativ. „In einer Zeit, in der die arabischen Diktatoren ihre Macht verlieren, ist das brutale und repressive Regime Eritreas mehr denn je bemüht, jeden Versuch, die Regierung zu destabilisieren, zu unterbinden“, sagt Pierre Ambroise vom Africa Desk der Organisation. Freilich: Auch der Iran und China halten jeweils etwa 30 Journalisten in ihren Gefängnissen, genauso viele wie Eritrea. Doch China hat mehr als eine Milliarde Einwohner, Eritrea bestenfalls viereinhalb Millionen. In der großzügigen, loftartigen Zentrale der Journalistenorganisation in der Rue Vivienne prangt unter der meterhohen Decke ein großes Plakat zum Thema Pressefreiheit in aller Welt. Tiefschwarz sind die Länder, in denen Medienarbeiter ungestraft in Folterkellern verschwinden, nur weil sie ihrer Arbeit nachgehen. Nordkorea, Myanmar, Syrien, Saudi Arabien, Sudan, Somalia. Eritrea ist kaum auszumachen. Ein winziger Punkt, völlig unbedeutend in der großen Welt der ungleichen Freiheiten.

Kein Land Afrikas ist so abgeschottet wie Eritrea. Wer kann, ist dem unfreundlichen Ort längst entflohen. Die Grenzwachen haben Order, scharf zu schießen, doch selbst Lebensgefahr kann die Menschen nicht abhalten. Wer beim Fluchtversuch gefangen genommen wird, weiß, was ihn erwartet. „Dennoch fliehen die Menschen in Scharen“, sagt Elizabeth Chyrum, ihre Stimme klingt weinerlich. Meist führt die Flucht in den Sudan, von dort nach Libyen und dann nach Europa. Wie viele durchkommen, weiß keiner, und auch nicht, wie viele es nicht schaffen. Etliche der Leichen, die über die Jahre in Lampedusa angeschwemmt wurden, sind Menschen, die versucht haben, dem Unrechtsregime Eritreas zu entkommen. Erst im April 2011 sind bei einem Bootsunglück nahe der italienischen Küste mehr als 200 Menschen umgekommen, die meisten aus Somalia und Eritrea.

Über 30 Jahre zog sich der Unabhängigkeitskrieg gegen den Nachbarn Äthiopien hin. Es war „der längste Krieg Afrikas“. Unermüdlich kämpften die eritreischen Guerillakämpfer gegen einen 20 Mal größeren Feind. Zu Hilfe kam ihnen niemand. Dazu war Äthiopien zu wichtig, seine Lage am Roten Meer zu bedeutsam. Aufgrund eines UN-Beschlusses und gegen den Widerstand der Bevölkerung wurde Eritrea 1952 als autonome Provinz an Äthiopien angegliedert. Doch von Autonomie konnte von Anfang an nicht die Rede sein. Zehn Jahre später hob Haile Selassie, Äthiopiens „König der Könige“, den Autonomiestatus auch ganz offiziell auf und Eritrea wurde als äthiopische Provinz in sein Kaiserreich einverleibt.

Zu Hilfe kam niemand. Im Gegenteil: Äthiopien erhielt weiter großzügige Unterstützung. Entwicklungshilfegelder flossen in Strömen, Waffen ebenso. Zunächst aus Amerika, später, nach dem Seitenwechsel im Kalten Krieg, aus der Sowjetunion. Zwischen 150.000 und 200.000 Menschen kamen in dem endlosen Guerillakrieg durch Kämpfe, Hunger, Mangel und Entwurzelung ums Leben. 750.000 wurden zu Flüchtlingen. Dennoch konnten weder die royale Diktatur Haile Selassies noch die des roten Tyrannen Mengistu Haile Mariam die Befreiungsbewegungen je ganz ausschalten. 1991 gewann das kleine stolze Land nach Jahrzehnten den ungleichen Kampf. Die Geschichte war ihm zu Hilfe gekommen. Der Kalte Krieg war zu Ende, die Diktaturen am Horn von Afrika stürzten wie Dominosteine. Über Nacht waren Siad Barre in Somalia und Äthiopiens Mengistu hinweggefegt. Am 24. Mai 1991 fuhren die Panzer der Befreiungskämpfer der EPLF, die Eritreische Volksbefreiungsfront, in Asmara ein. Eritrea war frei. Am Ende hatte David Goliath besiegt. Daraus beziehen die Eritreer ihren nicht enden wollenden Nationalstolz, aber auch ihre Bunkermentalität. Zwei Jahre später wurde die Unabhängigkeit von Äthiopien in einem Referendum mit 99 Prozent Zustimmung besiegelt. Afrikas 53. Staat, der damals jüngste, war geboren. Hoffnung und Stolz kannten keine Grenzen.

Die neuen Machthaber Eritreas und Äthiopiens, Isayas Afewerki und Meles Zenawi, langjährige Waffenbrüder im Kampf gegen Mengistus Militärdiktatur und entfernt sogar verwandt, wurden von aller Welt gefeiert. Die friedliche Trennung war vorbildhaft. Die beiden galten als Repräsentanten eines demokratischen Aufbruchs am Kontinent. Vorreiter der sogenannten „Afrikanischen Renaissance“. Es sei kaum möglich gewesen, sich dem Optimismus und den wohlmeinenden Emotionen zu entziehen, schreibt Michela Wrong, Afrika-Kolumnistin und langjährige Reuters- und BBC-Korrespondentin in ihrem Buch „I didn’t do it for you“, über die wechselvolle Geschichte Eritreas. Jeder wollte am Aufbau des neuen Staates mitwirken.

„Asmara“, schreibt die britische Journalistin, „ist zweifellos die schönste Hauptstadt Afrikas.“ Eritreas Hauptstadt liegt auf fast zweieinhalbtausend Meter. Die Luft ist klar und sauber wie auf den Gipfeln der Alpen. Schon die Landung ist abenteuerlich, noch mehr aber der Abflug. Verzweifelt ringt die riesige Boeing um Höhe. So mühsam und quälend langsam erhebt sie sich aus Asmara, dass man fast überrascht ist, dass es am Ende doch gelingt. Kein Smog trübt die Luft Asmaras, Licht und Schatten sind scharf und kräftig.

Amerika betrieb ab 1941, nach der Machtübernahme der Briten, an der Peripherie eine geheimnisumwitterte Spionage-Abhöranlage, die Kagnew Station. Die enorme Höhe Asmaras und die Lage am Äquator machen Radiowellen hier besonders klar wahrnehmbar. Mit den damals größten Satellitenschüsseln – eine hatte 46 Meter Durchmesser – und einem zehn Quadratkilometer großen Antennenpark hörten die Amerikaner die halbe Welt ab. Den Ort umweht eine elektromagnetische Einzigartigkeit. Von Helsinki bis Wladiwostok, von Bukarest bis Kapstadt, von Peking bis Canberra – auf dem Hochplateau sind Sender und Radiofrequenzen besonders gut hörbar. Da die

Sonne immer zur gleichen Zeit auf- und untergeht, mussten die Antennen nie neu ausgerichtet werden. Experten mit den exotischsten Fremdsprachenkenntnissen lauschten Gesprächen in der ganzen Welt. In den 1960er Jahren dienten in der Spionage-Station mehr als 5000 US-Soldaten und Techniker.

An der breiten, von Palmen gesäumten Hauptstraße Asmaras reihen sich repräsentative Art-Deco-Bauten in blassen Pastelltönen aneinander. Sie stammen aus den 1930er Jahren, das Flair der italienischen Kolonialzeit ist allgegenwärtig. In den abgewetzten Restaurants gibt es köstliche Spaghetti, in den Straßencafés sitzen alte Asmarinos beim Cappuccino. Als sei die Zeit stehen geblieben.

Keine andere Straße ist wohl so oft umbenannt worden wie die Hauptstraße Asmaras. Vom „Corso Vittorio Emanuele" in der italienischen Kolonialzeit und der „Viale Benito Mussolini" unter den Faschisten über den „Corso Italia", wie sie die Briten nach dem Sieg über die Italiener mit kaum verhohlenem Zynismus nannten, bis zur „Avenue Haile Selassie", wie sie in den langen Jahren unter dem Joch des herrschsüchtigen äthiopischen Kaisers hieß. In der Zeit der kommunistischen Mengistu-Diktatur hieß die Prachtallee „Revolution Avenue", die Straße der Revolution. Nach dem Sieg der eritreischen Freiheitskämpfer 1991 schließlich musste das Wort „Revolution" der „Befreiung" weichen. Ein Begriff, der im unabhängigen Eritrea allgegenwärtig ist. „Boulevard der Befreiung" – auf Tigrinya, der Landessprache, „Harnet Avenue" – heißt die Straße jetzt.

Michela Wrong zitiert in ihrem Buch ein Sprichwort über die wechselvolle Geschichte der Eritreer. „Unter den Italienern", besagt er, „gab es zu essen, aber man konnte nicht frei sprechen. Unter den Briten konnte man frei sprechen, aber es gab nichts zu essen. Unter den Äthiopiern konnte man weder sprechen, noch gab es zu essen." Unter der Herrschaft der eigenen Befreier, könnte man heute zynisch hinzufügen, kann man nicht einmal mehr frei atmen. Denn der Aufbruch im unabhängigen Eritrea währte nur kurz. Rasch machte sich nach dem Optimismus der ersten Jahre Ernüchterung breit. Eritrea führte eine neue Währung ein, Äthiopien begann zu realisieren, dass es zum Binnenland geworden war. Traditionelles Misstrauen machte sich breit. Der exakte Grenzverlauf war niemals definiert worden. Und so standen Äthiopien und Eritrea 1998, nur sieben Jahre nach der bejubelten Freiheit, erneut vor einem Krieg. Einem „törichten Krieg", wie der damalige amerikanische UN-Botschafter Richard Holbrooke befand. Ein „sinnloser Krieg", urteilte die ganze Welt. Doch unerbittlich standen sich die riesigen, waffenstarren Armeen der so ungleich großen Länder gegenüber. Aus den einstigen befreundeten, revolutionären Guerillachefs Meles Zenawi und Isayas Afewerki waren Todfeinde geworden. Oberflächlich ging es um einen winzigen Streifen kargen Wüstenlandes. 412 Quadratkilometer, nahezu unbesiedelt und ohne jeden wirtschaftlichen Wert. Doch auf beiden Seiten der Schützengräben entfachten die Kriegstreiber einen nationalistischen Taumel. Beiden Staatschefs war daran gelegen, die aufkeimende Wut der politischen Gegner umzulenken und die Opposition im eigenen Land von der Macht fernzuhalten. Dazu war der Krieg gerade gut genug, der Blutzoll zweitrangig. Vermutlich 100.000 Menschen fielen im Kampf. 50.000 auf jeder Seite. Die Soldaten starben in endlosen Stellungskriegen bei höllischen Temperaturen. Wer verwundet wurde, hatte keine Chance.

Zwei Jahre später waren die Armeen ausgeblutet. Nach einer Waffenstillstandsvereinbarung wurde eine Schiedskommission der UN ins Leben gerufen, die den Grenzverlauf festsetzen und eine demilitarisierte Zone überwachen sollte. Unter den Blauhelmen sind damals auch acht Soldaten des österreichischen

Bundesheers. Um über sie zu berichten, machen wir uns an die Südspitze des Landes auf, nach Assab. Gemächlich fliegt der behäbige, alte Militärhubschrauber der UN dem Meer entgegen. Lange zieht sich die ostafrikanische Hochebene hin, bevor sie jäh abfällt. Assab war Äthiopiens einziger Zugang zum Meer, ihren Verlust hat Addis Abeba bis heute nicht verkraftet. Assab steht in der Begehrlichkeit Äthiopiens ganz oben, dementsprechend heftig wurde hier gekämpft.

Im Inneren des robusten Militärgeräts ist es so laut, dass an Konversation nicht zu denken ist. Neben dem ORF-Kameramann sind auf den harten Sitzen unter den kleinen, runden Fensterluken noch einige UN-Soldaten festgezurrt. Mir gegenüber sitzt der einzige weitere Zivilist. Ein überaus fülliger Mann mit beginnender Glatze. Amerikaner, mutmaße ich aufgrund des englischen Titels des dicken, vergilbten Taschenbuchs, das er in der Hand hält. Stundenlang ist er in den sicherlich mehrere hundert Seiten starken Wälzer vertieft, ohne je aufzublicken. Das kräftige Rattern, ja selbst das fallweise starke Absacken des Helikopters scheint ihm keine Regung wert. Die stoische Ruhe macht den Mann rätselhaft und interessant. Was er wohl in diesem sinnlosen Krieg zu suchen hat?

Stunden später, an der Front, ist das Rätsel schnell gelöst. Der Mann ist Entminungsexperte. Er ist Brite. Als wir uns der Frontline nähern, steht er bereits da und blickt mit einem alten, schweren Fernrohr fachmännisch hinter die Waffenstillstandslinie. Nur wenige hundert Meter trennen uns von der äthiopischen Seite. Dazwischen ist Niemandsland. Trostloses, karges, heißes Land. Dutzende, vielleicht sogar Hunderte Leichen liegen am staubigen Boden. Sie verwesen vor sich hin. Langsam allerdings, die Sonne hat die Körper mumifiziert. Der Waffenstillstand ist fragil, jeder Laut – und sei er noch so ungewollt – könnte schlimme Folgen haben. Die Ruhe ist gespenstisch.

Es hat über 40 Grad, die Hitze flimmert. Man ahnt die Nähe des Feindes, meint seine Blicke zu spüren, obwohl er selbst mit dem Fernglas nicht auszumachen ist. Doch er ist da, das ist gewiss, ebenso wie Tausende nicht-explodierte Bomben, Granaten und Unmengen Munition. „Lots of work", sagt der Experte lakonisch, nachdem er etliche Male das Fernglas gesenkt und seine Untersuchungsergebnisse mit einem kurzen Bleistift in ein dünnes Ringheft gekritzelt hat.

In der Gegend um die kleine Stadt Adi Quala im Süden des Landes, wohin wir den Kommandanten der UN-Mission einige Tage später auf seiner ersten Fact-finding-Mission begleiten, ist gerade einmal die Hauptstraße geräumt. In der staubigen Erde links und rechts davon liegen unzählige Minen und nicht explodierter Kriegsschrott. Die andere Seite weigert sich, die Minen-Karten herauszurücken, klagt der eritreische Kommandant. Um Adi Quala tobte eine der verlustreichsten Schlachten des Krieges. Die meisten Häuser sind Ruinen, die Bewohner geflohen. Nur zaghaft sind einige in die zerstörte Heimat zurückgekehrt. Ein einfaches Hotel hat geöffnet. Immerhin. Unten, am Ende der Hauptstraße, gibt es ein Café, das ebenfalls offen sein soll. Am Abend mache ich mich auf den Weg. Kein Problem, sagen die UN-Soldaten, die geräumte Straße sei todsicher. Schon auf halbem Weg wird es dunkel, nach dem Besuch im Lokal ist es endgültig stockdunkel. Neben der Straße haben Flüchtlinge Zelte aufgeschlagen. Im Licht eines winzigen Feuers zeichnen sich undeutlich die Konturen einer Frau ab. Es scheint, als koche sie Tee. Hinter ihr wölbt sich ein Sternenhimmel von solcher Intensität, wie es ihn nur noch in wenigen Teilen der Welt gibt. Bis auf das saubere, verschlafene Asmara und das zerbombte somalische Mogadischu gibt es im Umkreis von Zigtausenden Kilometern keine großen Städte, keine Straßen, keine Beleuchtung. So wenig künstliches Licht ist selbst in

Afrika selten. Somalia, Djibouti, Eritrea – hier ist es wirklich finster. Dazu kommt die Höhe. Auch Adi Quala liegt 2000 Meter hoch. Die Sterne wirken nah und strahlend. Neben dem Flüchtlingszelt scheinen sie den Boden zu berühren. Als könnte die arme Frau sie einzeln greifen und voller Verzweiflung ins Feuer oder auch gleich nach den Göttern werfen.

Doch die Eritreer lassen sich nicht so leicht entmutigen, nicht nach 30 Jahren Guerillakrieg. Die Männer im Café sind trotz des desolaten Zustands ihrer Stadt voller Zuversicht. Und auch in Asmara ist die Stimmung am Ende des Krieges einer enormen Zuversicht gewichen. Aufbruchsstimmung liegt in der Luft und ein großes Gefühl von Freiheit. Reisen im Land sind kein Problem. Bei einer Fahrt nach Massawa treffen wir sogar eine Gruppe Touristen. Massawa am Roten Meer ist eine der heißesten Städte der Welt. Steil fällt die Straße von Asmara nach Massawa ab. Die Spitzkehren sind mörderisch. Kaum setzt die Sonne an unterzugehen, ziehen vom warmen Meer undurchdringliche Nebelschwaden hoch. Sobald einen der Nebel erreicht hat, ist an Weiterfahren nicht mehr zu denken. Zu nah und zu tief ist der Abgrund. Auch so mancher schwer beladene Lkw bleibt am Straßenrand einfach stehen. Dann heißt es abwarten, bis die Nacht vorbei ist und sich die dichten Nebel am nächsten Morgen ebenso rasch in die umgekehrte Richtung wieder verzogen haben. In unglaublicher Pionierleistung haben die Italiener Ende der 19. Jahrhunderts auf der gleichen Strecke eine der sensationellsten Eisenbahnlinien der Welt errichtet.

In Massawa sind die Spuren des Krieges weithin sichtbar. Viele der schönen alten Häuser aus Kalkstein sind zerschossen, vom ehemaligen prunkvollen Palast ist nur noch ein riesiges weißes Gerippe übrig. Von heftigen Bombardements auf die Stadt berichten die Männer im Straßencafé. „Wann?“ „Welchen Krieg meinen Sie?“ Um Massawa tobten so oft Kämpfe, mir fehlt langsam der Überblick. Jetzt, sagen die Alten, hoffen sie jedenfalls endlich auf Frieden. Das war Anfang 2001. In dieser Zeit des politischen Frühlings schreibt eine Gruppe von Journalisten einen offenen Brief an die Mitglieder der Volksbefreiungsfront und ihren langjährigen Kampfgefährten Isayas Afewerki. Darin fordern sie eine Politik des Friedens, die rasche Errichtung der versprochenen Demokratie und die Zulassung von Parteien. Keiner erahnte wohl auch nur im Entferntesten die grauenhaften Folgen dieser Tat.

Am 18. September 2001 werden elf der Unterzeichner festgenommen, ins Gefängnis geworfen und nie wieder freigelassen. Zehn Jahre später sitzen sie immer noch dort. Alle bis auf vier. Denn die sind tot. Opfer der unvorstellbaren Haftbedingungen.

Die Verhaftungswelle war das Ende der freien Medien in Eritrea. Ein Schritt, schreibt Michela Wrong, den in dieser Radikalität nicht einmal die schlimmsten afrikanischen Autokraten wie Mugabe in Simbabwe oder der Diktator des damaligen Zaire, Mobutu Sese Seko, gewagt hätten. „Anstatt aus anderen Fehlern am Kontinent gelernt zu haben“, hatte sich Eritrea über Nacht „zum abgedroschensten afrikanischen Klischee gewandelt“, schreibt die Journalistin. Viele Journalisten, Diplomaten, Akademiker und Mitarbeiter von Hilfsorganisationen empfanden es „wie einen persönlichen Verrat“. Wie Seifenblasen waren die Hoffnungen auf den demokratischen Aufbruch geplatzt. Das war das Ende der „Afrikanischen Renaissance“.

Einer der inhaftierten Medienvertreter ist Seyoum Tsehaye, ein berühmter News-Präsentator im Fernsehen. In den ersten Monaten konnten wir ihn noch besuchen, sagt sein enger Mitarbeiter Biniam Simon in Paris. Auch er ist in Eritrea kein

Unbekannter. „Doch dann war plötzlich Schluss, jeglicher Kontakt wurde unterbunden. Seither haben wir nichts mehr von ihm gehört“, sagt Biniam. Bis heute. Der kleine, kahlköpfige Journalist ist 2006 aus Eritrea geflohen. Ein Seminar in Japan bot die Möglichkeit, den Klauen der Diktatur zu entkommen, bevor es zu spät war. Kollegen hätten ihn bereits vor einer drohenden Verhaftung gewarnt. In Japan wandte sich der TV-Redakteur an „Reporter ohne Grenzen“. Die Organisation half ihm, einen Asylantrag zu stellen und Aufnahme in Frankreich zu finden. Auch die Frau und die beiden Kinder seines Chefs sind mittlerweile in Paris. „Die Kinder sind acht und zehn. Sie fragen ständig nach dem Vater.“ Die kleine Tochter habe ihn noch nie gesehen. Als Seyoum verhaftet wurde, war seine Frau gerade schwanger. „Eritrea“, sagt Biniam Simon, „ist ein Land, in dem Journalisten einfach verschwinden.“ Doch geheime Quellen lassen hoffen, dass Seyoum noch am Leben ist. „Er soll einer der Stärksten sein.“

Fessahaye Yohannes, bekannt unter dem Namen „Joshua“, hat seinen Kampf verloren. Joshua war Veteran des Befreiungskampfes, renommierter Dichter, Theaterautor und Herausgeber der mittlerweile verbotenen Zeitung „Setit“. Verhaftet 2001, „verschwand“ er ein Jahr später nach einem Hungerstreik völlig. Alle Bemühungen und Appelle internationaler Organisationen wie „Amnesty International“ und „Reporter ohne Grenzen“ blieben erfolglos. Am 11. Januar 2007 starb der Intellektuelle in der Haft.

Anlass zu großer Sorge gibt auch Dawit Isaak, ebenfalls Journalist bei „Setit“ und ebenfalls seit September 2001 inhaftiert. Der Journalist und Autor ist schwedischer Staatsbürger eritreischer Abstammung. Er ist schwer krank. Zwei Mal führt seine Spur in eine psychiatrische Anstalt, doch dann verliert sie sich wieder. Sein derzeitiger Aufenthaltsort ist unbekannt.

2009 war Dawit Isaak unter den drei Finalisten für den renommierten Sacharow-Preis. Selbst die vielen Appelle Schwedens und der EU haben nichts genützt. „Eritrea ist heute eines der schlimmsten Beispiele für ein zu hundert Prozent von einem Diktator kontrolliertes System", sagt Pierre Ambroise im Büro von „Reporter ohne Grenzen". „In Eritrea hast du keinerlei Recht, dich auszudrücken. Du hast nur die Wahl: Entweder du arbeitest für sie, für Eri-TV, die drei staatlichen Radiostationen oder die wenigen Zeitungen – dann bist du Funktionär, kooperierst direkt mit dem Informationsministerium und arbeitest damit direkt für den Staat. Oder du fliehst."

Im digitalen Zeitalter, das die Aufstände im Norden Afrikas wesentlich befördert hat, sei Eritrea noch nicht angekommen, sagt Pierre. „Die Durchdringungsrate beträgt derzeit 3,5 Prozent, das heißt: Fast niemand hat Zugang zum Netz." ERITel, der einzige Anbieter, wird, wie könnte es anders sein, ebenfalls direkt von der Regierung kontrolliert. Die Überwachung ist lückenlos. Zwei Internetcafés in Asmara wurden 2010 geschlossen, die Besitzer verhaftet.

Der Schreibtisch des Afrika-Spezialisten steht gleich beim Eingang des großen Raums, es herrscht ständiges Kommen und Gehen. Auf einer Ablage daneben liegen spezielle Reports zu Afrika. Kongo, Sudan, und auch einen Bericht über Eritrea gibt es. „Naizghi Kiflu, die graue Eminenz der Diktatur" heißt er. Während des äthiopisch-eritreischen Krieges war Naizghi Kiflu eritreischer Botschafter in Russland, dem wichtigsten Waffenlieferanten Eritreas. 2001 war er derjenige, der die Verhaftungen befohlen und überwacht hat. „Er war der Mann für die Drecksarbeit", heißt es im Bericht. Der enge Vertraute und persönliche Berater des eritreischen Diktators lebt heute wegen seiner schlechten Gesundheit in London. Unbehelligt und immer noch im loyalen Dienst des mörderischen Tyrannen, dessen Arm auch tief in die zahlreichen eritreischen Exil-Gemeinden reicht.

„Kein Journalist ist in Eritrea vor willkürlicher Verhaftung sicher", sagt Pierre Ambroise. „Selbst wenn du alle Befehle lückenlos ausführst, kannst du jederzeit verhaftet werden. Selbst dann, wenn du berühmt bist und die Hauptnachrichten präsentierst wie Biniams Boss Seyoum. Es gibt keinen Schutz. Manchmal wissen wir, warum jemand verhaftet wird, oft aber nicht einmal das." Pierre spricht perfektes Englisch mit starkem französischem Akzent. Über Eritrea zu reden, macht ihn traurig, das abgeschottete Land liegt ihm am Herzen. Noch vor wenigen Jahren lebte er selbst dort und arbeitete in der Entwicklungsabteilung der französischen Botschaft.

Selbst für Botschaftsangehörige sei das Leben in Asmara sehr schwierig, erzählt der große, schlanke Mann. Jede Reise außerhalb der Hauptstadt muss bewilligt werden. „Assab? Da hättest du heute keine Chance. Adi Quala? Forget it. Sie sagen dir keine Begründung. Reisen in Orte, die dem Regime nicht genehm sind, werden einfach nicht bewilligt."

Wir erinnern uns an Rumänien und Ostdeutschland, an die Securitate und an die Stasi. In Asmara sei das ähnlich, sagt Pierre. Natürlich könne man Leute treffen, aber man tue es nicht, „weil da diese Maschine ist, dieser Druck, der auf dir lastet. Du verstehst die Angst der Menschen und weißt, dass es verboten ist, über sensible Dinge zu reden. Da braucht man nicht an jedes Eck zwei Polizisten hinzustellen. Das versteht sich von selbst. Die soziale Kontrolle ist enorm. Jeder bewacht den Nachbarn, jeder spioniert den anderen aus."

Die Verhaftungswelle des Jahres 2001 ging als „schwarzer Dienstag" in die Geschichte des Landes ein. Auch viele ehemalige Freiheitskämpfer, soeben erst der Kampfmontur entledigt, wurden abgeholt. 80 Verhaftungen waren es insgesamt.

Danach folgten Tausende weitere. Unbescholtene Bürger aus allen Bereichen wanderten in die Gefängnisse. Künstler, Geschäftsleute, Beamte, jugendliche Wehrdienstverweigerer und besonders viele Studenten und Angehörige von Religionsgemeinschaften wurden eingesperrt. Nach der freien Presse verschwand die gesamte kritische Zivilgesellschaft. Mitte 2002 wurden 36 Religionsgemeinschaften verboten. Amnesty International gibt die Zahl der Inhaftierten in Eritrea mit derzeit etwa 2000 an. Viele dieser Menschen sind zur Einzelhaft verdammt, im berüchtigten Eiraeiro-Gefängnis in Asmara etwa oder in Geheimgefängnissen, die in weit abgelegenen, unbewohnten und unzugänglichen Gebieten liegen. Gebiete, in denen es weit und breit keine medizinische Versorgung gibt. Geflohene Sicherheitsbedienstete berichten von Zellen unter der Erde oder Inhaftierungen in Frachtcontainern, in denen es tagsüber siedend heiß und nachts eisig kalt ist.

Eritrea verweigert konsequent jede Untersuchung der Menschenrechtslage. Keiner der Journalisten stand je vor Gericht, keiner ist offiziell verurteilt worden. Oft werden die Gefangenen in Nacht-und-Nebel-Aktionen verlegt, viele sind schwer krank. „Woher wir das wissen? Von Flüchtlingen, die es geschafft haben herauszukommen. Und aus geheimen Quellen, die für jede Information ihr Leben riskieren", sagt Pierre. Immer wieder ist es „Reporter ohne Grenzen" in den vergangenen Jahren gelungen, die Forderung nach Freilassung der Gefangenen an die Führung Eritreas heranzutragen. Sei es durch Briefe oder Petitionen, durch die UNO oder durch Politiker. Die Nadelstiche seien dem Regime sehr unangenehm, sagt Pierre. „Natürlich hassen die uns. Und natürlich geben sie nichts zu. Wenn du sagst, ihr habt Journalisten inhaftiert, dann sagen sie: Nein. Wenn du sagst: Aber hier ist die Liste, hier sind die Fotos, die habt ihr alle verhaftet, dann sagen sie, das seien gar keine Journalisten, das seien Verräter. Wenn du dann fragst: Und warum stehen sie dann nicht vor Gericht?, dann sagen sie: Das sind Feinde und wir wissen, wie man mit Feinden umgeht. Wenn du fragst: Wo wird A oder B festgehalten?, sagen sie: Keine Sorge, wir gehen schon richtig mit ihnen um. Für sie sind alle Staatsfeinde. Manipuliert von den Äthiopiern und der CIA."

„Es gibt keine freien Medien, keine freie Justiz, kein Parlament, keine demokratischen Parteien", sagt die Aktivistin Elizabeth Chyrum. „Die Universität wurde 2006 geschlossen, viele Schulen sind zu. Die Wirtschaft liegt darnieder. Das ganze Land ist militarisiert, die Menschen hungern. Sie sterben langsam. Doch niemand berichtet darüber."

„Wir leben in einer anderen Welt", sagt Biniam Simon traurig. In Paris hat er einen unabhängigen Radiosender gegründet, der bis nach Eritrea sendet. Bisher ist es dem Regime nicht gelungen, den Satelliten zu blockieren. „Radio Erena" ist erfolgreich. Dennoch ist Biniam nicht glücklich. „Viele, die zum ersten Mal hören, was in Eritrea los ist, können es einfach nicht fassen." Das sei doch heute gar nicht mehr möglich, hätte so mancher schon völlig verdutzt zu ihm gesagt. Er, meint Biniam, antworte dann stets: „In Eritrea schon."

*Simbabwe*

# Jagd auf weiße Farmer

## Robert Mugabes Simbabwe

„Dort, Richtung Norden, sehen Sie den markanten Felsen? Der, der aussieht wie ein Hinkelstein?“ Heinrich von Pezold deutet in die Ferne. Dorthin, wo die vielen Schäfchenwolken am endlos blauen afrikanischen Himmel auf die gerade Linie des flachen Horizonts treffen. „Da endet das Grundstück. Bis dorthin reicht Forrester Estate. Wir haben 21.000 Hektar“, sagt der Großgrundbesitzer so nüchtern, als handle es sich um einen mittleren Weingarten in der Südsteiermark. „Nutzbar“, fügt er bescheiden hinzu, seien allerdings nur 8000 Hektar. Heinrich hat immer noch seinen Anzug an, nur die Krawatte hat er abgelegt. In Harare, der Hauptstadt, hatte er den ganzen Vormittag lang ein „wirklich wichtiges Meeting“, wie seine Mitarbeiterin im Office auf meine lästigen Anrufe immer wieder beteuert hatte. Doch nun ist er fertig, er hat es eilig, zu seiner Farm hinauszukommen. „Kein Problem“, sagt er, da könne ich auch gleich mitkommen.

Eineinhalb Stunden dauert die Fahrt. Der dunkelgraue Mercedes schnurrt vorbei an enteigneten Großfarmen, an verlassenem, brach liegendem Land. Ein knappes Drittel der Bevölkerung hat die Heimat verlassen, aus politischen Gründen, oder einfach nur, um nicht zu verhungern. Simbabwe, einst Brotkorb des südlichen Afrikas, liegt darnieder. Es ist ein verwundetes, ein leeres Land.

Die Forrester-Farm ist eine der letzten weißen Großfarmen, die dem Enteignungswahn von Mugabes Schergen erfolgreich getrotzt hat. Noch zumindest. 4100 Farmer sind in den letzten zehn Jahren ihres Besitzes beraubt worden. Die meisten wohl für immer. Zwölf weißen Farmern hat die populistische Politik des greisen Diktators nicht nur das Land, sondern auch das Leben genommen. Hunderttausende schwarze Farmarbeiter haben ihre Jobs und Lebensgrundlagen verloren. „Sehen Sie die verbrannten Sträucher hier links?“, fragt von Pezold, „das waren kleine Orangenbäume. Niemand hat sich für den Brand verantwortlich gefühlt, die Besitzer sind vertrieben, die neuen Günstlinge kümmern sich nicht. Keiner hat gelöscht. Können Sie sich das vorstellen? Tonnenweise Orangen. Eine ganze Ernte, einfach vernichtet. Zumindest essen hätte man sie doch können.“

Wir stehen und warten. Vor uns ist eine der vielen Polizeikontrollen, allgegenwärtige Begleiter im Land Mugabes. Routiniert lässt Cloud, der Chauffeur, die Prozedur über sich ergehen. Seinen Chef kennt hier ohnehin jeder. Der erzählt inzwischen einen Schwank aus dem Kontroll-Alltag: „Mister von Pezold, can we see your ID-Card?“, habe man ihn ganz in der Nähe einmal allen Ernstes gefragt. „Könnten Sie sich bitte ausweisen, Herr von Pezold?“ Nein, Angst, sagt der Mann mit der hohen Stirn, habe er trotz aller Einschüchterungsversuche nie gehabt. Sein einziger Schutz sei sein dreibeiniger Hund.

Der elegante Wagen hat das Schild „Forrester Estate“ passiert und brettert nun, eine mächtige Staubwolke hinter sich herziehend, auf gerader Piste Richtung Farmhaus. Als er in einer offenen Garage hinter dem Haus stoppt, ist der Hund sofort da: Ein schönes Tier. Pechschwarz, jung und kräftig. Die Ankunft des Hausherrn weckt seinen Übermut. Freundlich und fröhlich rast er über die grüne Rasenfläche, die sich vor dem prächtigen, mit Stroh gedeckten Farmhaus bis ans Ende eines kleinen Hügels erstreckt. Das Gras ist kurz und gepflegt wie auf einem Golfplatz. Die Eltern Heinrich von Pezolds sind da. „Es freut mich, dass Sie das sagen“, meint Rüdiger von Pezold, als ich das sonnige Gemüt des schönen Hundes würdige, den seine Behinderung rein gar nicht zu stören scheint. Er sei es nämlich gewesen, gesteht der schlanke ältere Herr und zieht an der Pfeife, der den damals so verspielten Welpen beim Zurückfahren übersehen habe. Rüdiger von Pezold und seine Frau Elisabeth, geborene Prinzessin von Schwarzenberg-Frauenberg, Gräfin zu Stolberg-Stolberg, haben die Farm in Simbabwe 1988 gekauft. Acht Jahre nach dem Ende des weißen Rhodesiens, acht Jahre nach der Machtübernahme Mugabes. Forrester Estate war immer nur einer ihrer Lebensmittelpunkte. London, München, Prag und Schloss Gusterheim in der Steiermark sind die anderen. 1998 haben die beiden die Riesenfarm samt Guts- und Forstbetrieb an Sohn Heinrich übertragen. Er war damals 27.

Im Sommer 2010 waren sieben von acht Sektoren der Forrester-Farm drei Wochen lang von den berüchtigten Kriegsveteranen besetzt, erzählt Heinrich. Wir sitzen auf der Veranda, trinken kühlen südafrikanischen Weißwein. Elisabeth und Rüdiger von Pezold plaudern entspannt und unaufgeregt. Sie sind leger gekleidet. Sie in Jeans und weißer Bluse, er mit Cordhose und blauem Polo. Hier herrscht kein Zwang. Der Blick schweift über den grünen Rasen, auf dem sich der Hund inzwischen der Länge nach hingestreckt hat, hin zu ausladenden, üppig-blühenden Bäumen. Der Frangipani soll 50 Jahre alt sein, meint Elisabeth von Pezold. Klar, so könnte es aussehen, das Paradies.

Doch die Schilderung des Hausherrn ist beängstigend: Teils wilde Typen seien das gewesen, erzählt Heinrich von Pezold, mit seltsamen Fantasienamen. „Kamerad Time-time-not-now“ nannte sich der Anführer, „Comrade Kaputt Parodzai“ ein anderer. Sie hatten Kalaschnikows, tobten betrunken herum, skandierten Slogans und prophezeiten das „Ende der weißen Blutsauger“.

Der massive Überfall war nicht der erste. Begonnen hat alles im Jahr 2000. Eine „weitere Farm in weißem Besitz" sei besetzt worden, berichtet am 14. April 2000 die Nachrichtenagentur „Agence France Presse". Das waren damals an die 30 Mann, erinnert sich Heinrich von Pezold. „Sie haben mir die Hände auf den Rücken gebunden", erzählt er. Seine Sprache ist nasal, die Färbung ungewohnt. Heinrich von Pezold hat gleich drei Pässe. Er ist Deutscher, Österreicher und Schweizer zugleich. Schließlich wird er in ein Dorf verschleppt. „Sie wollten, dass ich Revolutionslieder singe." Dem Farm-Vorsteher gelingt es inzwischen, das Farmhaus zu verbarrikadieren. Wenig später kommen mit Stöcken und Werkzeugen bewaffnete Arbeiter zu Hilfe. Zeitgleich schaltet sich der deutsche Botschafter ein. Er alarmiert den Provinz-Gouverneur, ein hochrangiges Mitglied von Mugabes ZANU-PF-Partei. Der trifft wenige Stunden später in Forrester ein und kann damit weiteres Unheil verhindern. Ein Novum, heißt es in der Meldung der Nachrichtenagentur. Noch nie zuvor hatte sich ein Mitglied der Regierungspartei offen für einen weißen Farmer eingesetzt. Aber natürlich ist Heinrich von Pezold nicht irgendein Farmer. Der Abkömmling aus dem Hause Schwarzenberg ist in Afrika eine ernstzunehmende Größe. Tabak in Simbabwe, Bananen in Mosambik, Geschäfte in Tansania. In den drei Ländern gemeinsam beschäftigt er rund 35.000 Mitarbeiter. In Simbabwe ist von Pezold bei Weitem der größte deutsche Investor. Die Besetzung im Sommer 2010 führt zu einer massiven diplomatischen Verstimmung zwischen Berlin und Harare. Deutschland beruft sich auf ein jahrzehntealtes Investitionsabkommen zwischen den beiden Ländern und droht, Hilfsgelder in Höhe von 50 Millionen Dollar zu streichen. Erst dann wird die Besetzung beendet. Kaffee im Wert von einer halben Million Dollar ist inzwischen verrottet.

„Wenn Sie sich eingerichtet haben, könnten wir vor dem Abendessen noch etwas herumfahren“, schlägt Heinrich vor. Seine Frau und die zwei kleinen Kinder sind in London, er hat keine Eile. Die Eltern kommen gerne mit. Der Hund würde auch gern, darf aber nicht. Im waldgrünen Landrover fahren wir hinaus in die endlos weite Landschaft. Entlang riesiger Felder mit satt-grünen Tabakpflanzen, vorbei an Mais, Zitrusfrüchten und Gemüsepflanzungen. „Das ist eine neumodische Art von Mandarinen, sie gedeihen gut“, sagt Heinrich von Pezold und deutet auf ein Feld links. Dann gibt er Gas, die Straße führt einen Hügel hinauf. Dann wieder schlängelt sich ein schmaler Pfad über steinige Klippen hinunter. Der breite Geländewagen mit den ausladenden hellen Ledersitzen wirkt wie geschaffen für die Unebenheiten dieses kultivierten, wild-romantischen Landstrichs. „Ja, das ist eine Spezialanfertigung“, sagt der Gutsherr und wirkt doch erstmals ein wenig stolz.

Ab und zu kommt ein Traktor entgegen, marschieren Arbeiter den Weg entlang. Sie bleiben stehen, winken freundlich. Dann wieder passieren wir Hütten und Dörfer. Neun Dörfer gibt es auf Forrester Estate, etwa 10.000 Menschen leben hier. Fünf Dämme mit einem Fassungsvermögen von 28 Millionen Kubikmeter samt dazugehörigem Bewässerungssystem haben Rüdiger und Elisabeth von Pezold errichten lassen. Drei Schulen haben sie ausgebaut, eine Klinik entstand und ein polytechnisches College. „Die Ausstattung hatte Deutschland zur Verfügung gestellt“, sagt Elisabeth von Pezold, als wir an dem College vorbeifahren. „Wir waren fast fertig.“ Doch das Projekt verlief im Sand. Wegen der politischen Schikanen wurde das College nie eröffnet.

Nur noch etwa 300 weiße Farmer leben in Simbabwe auf ihrem Land. Wie die von Pezolds trotzen die meisten von ihnen bestehenden Räumungsbefehlen. „Koloniale Ungerechtigkeiten" sollte die Landreform beseitigen, den „schwarzen Massen" sollte „ihr Land zurückgegeben werden", die arme Landbevölkerung sollte „entschädigt werden". Doch das glaubt heute niemand mehr. Die Landreform hat die Armen nicht reicher gemacht. Im Gegenteil. Laut CIA-Factbook sind 95 Prozent der Simbabwer arbeitslos. 150.000 haben zwischen zehn und 50 Hektar Farmland erhalten. Einfache Bürger, die zwar den richtigen Parteiausweis vorweisen konnten, denen das Know-how aber großteils fehlt. Ihre Ernten werden seit Jahren nicht besser. Der Boden wirft nicht genug ab, um sie satt zu machen. Teuren Dünger können sie sich nicht leisten.

Der beste Teil vom Kuchen ging aber ohnehin nicht an die kleinen Leute, den behielt die raffgierige Elite um Robert Mugabe für sich. Die Bonzen plünderten die beweglichen Millionenwerte, von den Mühen einer ernsthaften Bewirtschaftung wollten sie aber nichts wissen. Die einst fruchtbaren Flächen liegen brach. 14 Millionen Hektar bestes Farmland sind den 4100 Weißen abgenommen worden. Davon sind fünf Millionen Hektar in den Händen von Mugabe-Günstlingen, rechnet die oppositionelle Wochenzeitung „The Zimbabwean", die im benachbarten Südafrika gedruckt wird, Ende 2010 vor. Das sind gut 40 Prozent.

„Alle ZANU-PF-Minister und deren Stellvertreter sind vielfache Farmbesitzer", heißt es in dem Bericht. Der Diktator selbst und seine herrschsüchtige zweite Frau Grace besitzen 14 Farmen. Mugabes Stellvertreterin Joyce Mujuru nennt, gemeinsam mit ihrem Mann, dem früheren Armeegeneral Solomon Mujuru, und ihren Verwandten, mindestens 25 Farmen mit einer Gesamtgrößte von rund 100.000 Hektar ihr Eigen. Fast alle der 200 führenden Köpfe der nationalen Armee – vom Major bis zum General – haben Land erhalten. Oft haben sie selbst Hand angelegt und die weißen Farmer mit Einschüchterungen, Morddrohungen und mit vorgehaltener Waffe vertrieben. Militärs und Polizeichefs, Minister und hohe Beamte, Richter und Staatsanwälte, Funktionäre und Parteibonzen – eine gut vernetzte schwarze Elite von insgesamt etwa 2000 Günstlingen hat Simbabwes Grund und Boden fest im Griff.

Einen kleinen Einblick in die absurd-reiche Welt von Mugabes Führungszirkel konnte die Öffentlichkeit Ende 2010 durch das Scheidungsgefecht des Ehepaares Chombo gewinnen. Die Liste der Werte, die die Gattin des Entwicklungsministers als ihren Teil des ehelichen Vermögens ansah, wurde, da die Klage beim Obersten Gericht gelandet war, in Mugabes Staatszeitung „The Herald“ abgedruckt. Sie konnte sich sehen lassen. Gefordert wurden neben 2000 Dollar Monatsunterhalt einige Dutzend Liegenschaften in bester Lage, darunter zwei Häuser in Glen View bei Harare, zwei in Victoria Falls, zwei in Bulawayo, zwei in der Stadt Chegutu, plus zahlreiche Wohnungen und einen Block mit Mietwohnungen. Doch das ist längst nicht alles. Dazu kommen 15 Fahrzeuge aus dem familiären Fuhrpark, darunter vier Toyota Land Cruiser, drei Mercedes-Benz, zwei Nissan Wolf, ein Toyota Vigo, ein Mazda BT-50, ein Bus, ein Nissan Hardbody und ein Toyota Hilux. Dann wären da noch zehn Firmen, Teile einer Mine, einige Nobelunterkünfte mit Jagdsafaris und einige Besitztümer in Südafrika. Alle beweglichen Güter auf der Allan Grange Farm, darunter sechs Traktoren, die Kühe auf der Daron Farm, et cetera, et cetera. Es zahlt sich eben aus, ein Verbündeter Mugabes zu sein, spottet die südafrikanische Zeitung „Mail & Guardian“.

Anfang 2009 lag die Inflation in Simbabwe offiziell bei astronomischen 231 Millionen Prozent. Geld wurde schneller wertlos, als man es ausgeben konnte. Die Scheine waren zu Geldpaketen, sogenannten „bricks“, zusammengebunden, häufig wurden sie mit Schubkarren transportiert. Da die einzelnen

Scheine aufgrund der Menge kaum kontrollierbar waren, gaben findige Betrüger in der Zentralbank Ziegeln aus, auf denen nur die obersten Scheine tatsächlich bedruckt waren. Der Rest war gänzlich wertlos. Im Januar 2009 druckte die Bank einen Geldschein im Wert von 100 Milliarden Simbabwe-Dollar. Eine groteske Situation, doch Robert Mugabe hat selbst das nichts anhaben können.

„Alle rechneten damit, dass die Hyperinflation die Regierung und ihre führenden Repräsentanten zu Fall bringen würde, doch das Gegenteil wurde wahr. Je schlimmer alles wurde, desto besser wurde es für sie“, schreibt Douglas Rogers, in den USA lebender, preisgekrönter Autor und Journalist der „New York Times“ und der „Washington Post“ in seinem Buch „The Last Resort“. Darin schildert der in Simbabwe geborene Sohn weißer Farmer die Geschichte seiner Eltern Lyn und Ros, die ihr kleines Landgut samt Hotelanlage für Rucksacktouristen trotz der Lebensgefahr nicht und nicht aufgeben wollen. Auch dann nicht, als die Besetzer auf ihrer Farm längst Haschisch statt Mais anbauen, Nutten statt ausländischer Touristen die Hütten bewohnen und Soldaten und Diamantenhändler statt junger College-Studenten die Bar bevölkern. Stets schafft es das robuste, ältliche Paar, sich neu zu arrangieren. Douglas Rogers war oft zu Gast bei den von Pezolds. Sie schätzen ihn sehr, sagen sie, und finden auch gleich ein Exemplar des eben erst erschienenen Buches, das sie mir schenken.

Die Inflation war eine direkte Folge der Enteignungen, schreibt Douglas Rogers. Die Farmen sorgten für 50 Prozent der Deviseneinnahmen im Land. Als diese Einnahmen ausblieben, konnte die Regierung ihre Auslandsschulden nicht mehr begleichen und begann deshalb, Geld zu drucken. Ja, sie wurde geradezu süchtig danach. Den offiziellen Wechselkurs des Simbabwe-Dollars gegenüber dem US-Dollar ließ die Nationalbank aber unverändert. Deshalb stieg der Schwarzmarktwert. Schon zu Beginn war ein US-Dollar am Schwarzmarkt das Dreifache eines Simbabwe-Dollars wert. Zwei Jahre später waren es 2000 Mal so viel. „Aber nur den Bonzen – Ministern, Bankern, hochrangigen Regierungsmitgliedern – war es möglich, den US-Dollar zu diesem niedrigen Kurs auch tatsächlich zu kaufen“, erklärt Vater Ros seinem Sohn in dem Buch. „Dann nehmen sie das Geld“, schildert der Farmer die seltsame Geldvermehrung weiter, „und wechseln es am Schwarzmarkt. Was sie dafür bekommen, bringen sie wieder zur Bank und kaufen dafür wieder US-Dollar, und so weiter und so fort. Nach einigen Dutzend Transaktionen sind sie US-Dollar-Millionäre, ohne dafür ernsthaft einen Finger gerührt zu haben.“ So konnte so mancher Minister einen nagelneuen Mercedes buchstäblich für 50 US-Dollar erwerben, während das hungrige Volk keine Chance mehr hatte, einen Laib Brot zu kaufen.

Anfang Februar 2009 wurden zwölf Nullen gestrichen und der US-Dollar als offizielles Zahlungsmittel zugelassen. Seither hat sich die Lage beruhigt. Junge Männer versuchen bereits, den wenigen Touristen im Land die rosa Scheine mit den unendlich vielen Nullen als Souvenirs zu verkaufen. Viel Glück haben sie dabei nicht, dazu gibt es noch zu viele davon. So manchen US-Dollar wäre der Gast in Simbabwe aber liebend gern wieder los. Denn das Geld stinkt erbärmlich. Da es keine Münzen gibt und die Dollarnoten im Land nicht gegen neue ausgetauscht werden können, wechseln vor allem die Ein-Dollar-Scheine so lange die Besitzer, bis sie nicht mehr zu gebrauchen sind. Am Ende ihres Lebenszyklus zerfallen einem die ekeligen, dünnen, speckigen Geldscheine buchstäblich zwischen den Fingern. „Dying Dollars“, „sterbende Dollars“ nennen die Simbabwer die schmutzigen Lappen, die am Ende niemand mehr haben will.

Natürlich auch Simon nicht. Der Taxifahrer mit dem funkelnagelneuen kleinen, gelben Wagen betreut mich seit der Ankunft am Flughafen. Ein kurzer Anruf, und schon ist er da. Für die meisten Strecken in Harare will er 20 Dollar. In neuen Scheinen, versteht sich. Dabei ist es gar nicht weit vom Hotel zu den Braunsteins. Das Paar lebt in einem Compound für Alte, der aus mehreren Dutzend geräumigen, lichtdurchfluteten Einfamilienhäusern besteht. Kurt Braunstein ist Österreicher, oder genauer „Stoasteirer", wie er sagt. Er ist seit 52 Jahren in Simbabwe, seit 51 Jahren ist er mit seiner Frau Jenny verheiratet, einer Farmerstochter aus dem damaligen Rhodesien. Rund um die Siedlung ist es grün, die Vögel zwitschern. Harare ist eine typische Stadt des südlichen Afrika. Mit breiten Straßen, ausladenden Alleen, mit mächtigen, knorrigen Bäumen und vielen gediegenen Villen. Es ist eine ruhige, beschauliche Stadt. Zu beschaulich. Mitte 2005 ließ Mugabe Slums und arme Stadtviertel in der Hauptstadt und in anderen großen Städten, in denen der Keim des politischen Widerstands auf fruchtbaren Boden hätte fallen können, schleifen. Etwa 700.000 Menschen, darunter Zehntausende ehemalige Farmarbeiter, die in der Stadt verzweifelt neue Jobs suchten, wurden vertrieben. „Murambatsvina" – „weg mit dem Müll" nannte der autokratische Totengräber die Aktion. Danach meinte er stolz, die Städte seien nun viel sauberer und sicherer. Heute gibt es in Harare Dutzende gediegene Restaurants, Shops und Hotels. Die großen Supermärkte, viele davon Marke „Spar", entsprechen wieder internationalen Standards. Der Verfall ist gestoppt. Spürbar ist er aber immer noch. Viele Häuser sind verlassen, die wenigen Spitäler, in denen 2009 noch Tausende Cholerakranke dahinsiechten, sind in erbärmlichem Zustand.

Kurt und Jenny Braunstein tragen kurze Hosen, beide sind braungebrannt und schlank. Sie wirken fit und jünger, als sie sind, obwohl ihnen das Leben hart mitgespielt hat. „Es ist wie wenn du ein ganzes Leben lang ein Bild malst", sagt Kurt Braunstein über die Enteignung seiner Farm, „und plötzlich kommt jemand mit einem Messer und schneidet tiefe Risse hinein." Dabei hatte alles so gut begonnen. Kurt Braunstein ist Arbeiter bei Steyr-Daimler-Puch, als er 1956 ins damalige Rhodesien kommt. Nach der Hochzeit mit Jenny bleibt er im Land, macht mit einer von ihm entwickelten Tabakerntemaschine sein erstes Geld. Gut fünf Jahrzehnte später hat er es in der Fremde zu etwas gebracht. Er hat zwei Farmen, sechs Kinder und 19 Enkelkinder. Gemeinsam mit seinen Söhnen hat er zwei große Staudämme gebaut. Einer der Stauseen ist mehr als einen Kilometer breit.

1980 übernimmt Robert Mugabe, Held des langjährigen Befreiungskampfes, die Macht. Die Weißen, die das Land zuvor fast hundert Jahre lang regiert haben und in deren Missionsschulen der schwächliche Tischler-Sohn aus einfachen Verhältnissen groß geworden ist, sind geschlagen. Sie befürchten das Schlimmste. Doch Mugabe überrascht alle und verspricht Versöhnung. Kurt Braunstein sogar persönlich. „‚Herr Braunstein', hat er zu mir gesagt und den Arm um mich gelegt, ‚wenn es Ihnen nichts ausmacht unter einer schwarzen Regierung zu leben, dann bleiben Sie doch bitte hier und helfen Sie uns bei der Entwicklung des Landes.'" 20 Jahre später wirkt das wie Hohn.

Dabei mangelte es nicht an dunklen Vorzeichen. Nur drei Jahre nach seinem Amtsantritt lässt Mugabe in der Provinz Matabeleland ein Blutbad unter seinen Gegnern anrichten. Um seinen Rivalen Joshua Nkomo auszuschalten, schickt er die berüchtigte Fünfte Brigade los, eine in Nordkorea ausgebildete militärische Elite-Einheit, die in den Dörfern unbeschreibliche Massaker verübt. Um einige hundert Dissidenten zu besiegen, werden Tausende Zivilisten geschlagen, gefoltert und getötet. Ganze Landstriche werden kollektivem Hunger ausgesetzt. Insgesamt kommen geschätzte 20.000 Menschen ums Leben. Der Westen erfährt davon kaum etwas. Noch gut ein Jahrzehnt danach wird Mugabe als Lichtgestalt des postkolonialen Afrika hofiert. Gerechtigkeit gibt es bis heute nicht, der Massenmord bleibt ungesühnt. Der Kommandant der Fünften Brigade, Colonel Perence Shiri, ist heute Luftwaffenchef. Der Hardliner und engste Vertraute Mugabes ist als „Schlächter von Matabeleland" bekannt. Er ist einer der meist gehassten Männer Simbabwes.

Zum Buhmann und – dank Hitlerbärtchen auch optisch – zur Karikatur eines afrikanischen Diktators wird Mugabe erst ab dem Jahr 2000. Dem Volk geht es weit schlechter als vor der Unabhängigkeit. „2002 sind sie gekommen", sagt Kurt Braunstein. Mit brutaler Gewalt vertreiben Mugabes Schlägertrupps ihn und seine Familie von ihrem Land. Der Polizeikommissar selbst habe die Besetzer angeführt und auch gleich zwei Lkw-Züge mitgehen lassen. Kurt Braunstein spricht Englisch mit starkem steirischem Einschlag. Nur jetzt, da er ein wenig in Rage gerät, wechselt er häufig ins Deutsche: „Er hat mich eingeladen, verstehen Sie? Ich war Ausländer, weder Rhodesier noch Brite, sondern Österreicher." Die österreichische Botschaft, klagt Braunstein, habe ihm zu lange geraten, sich ruhig zu verhalten. Präsident Fischer habe einen Brief geschrieben, aber im Gegensatz zu den Deutschen habe niemand ernsthaft gegen die Besetzung interveniert. Dabei gab es auch zwischen Österreich und Simbabwe ein bilaterales Abkommen, das Investoren schützen sollte. Die zweite Farm habe er erst 1995 gekauft. „Das war völlig legal", schimpft er und beugt sich in seinem Sessel nach vorne, „das war kein ‚colonial thing'." Tatsächlich haben mehr als 80 Prozent der weißen Farmer Simbabwes ihr Land nach der

Unabhängigkeit auf dem freien Markt gekauft, schreibt Geoff Hill, in Simbabwe aufgewachsener Afrika-Korrespondent der „Washington Times“. Dazu musste jeder Käufer den Nachweis erbringen, dass weder die Regierung noch ein schwarzer Simbabwer das betreffende Land erwerben wollte. Ohne dieses Papier, sagt Kurt Braunstein, konnte seit der Unabhängigkeit kein Ausländer in Simbabwe Land erwerben.

Noch kann der älteste Sohn der Braunsteins die kleinere der beiden Farmen halten und bewirtschaften. Doch wie lange noch? Kurt und Jenny bleiben stumm. Sind sie verbittert? Verlangen sie nach Rache? „Nein“, sagt der tief religiöse Farmer. „Diese Welt ist aus anderen Gründen da. Wenn Gott es gewollt hätte, wäre es anders gekommen.“

Insgesamt haben etwa 350.000 schwarze Arbeiter und weitere 270.000 saisonal Beschäftigte durch die Enteignungen der weißen Farmer in Simbabwe ihre Jobs verloren. 700 waren es allein bei den Braunsteins. Zusammen mit all jenen, die von ihnen abhängig waren, schätzt man die Zahl der Menschen, die durch Mugabes Politik ihre Lebensgrundlage verloren haben, auf 1,5 Millionen. Viele verließen das Land. Allein in Südafrika leben heute drei Millionen Simbabwer.

„Wenn ich die Kontakte in meinem Handy durchblättere“, sagt Heinrich von Pezold, „dann ist jede zweite Nummer nicht mehr erreichbar. Alle sind weg. Meine besten Freunde waren fast alle Schwarze, von denen ist kaum mehr einer da.“ Nach Tischgebet und Abendessen haben wir uns im Salon des Farmhauses niedergelassen. Die Eltern erzählen von den komplexen Restitutionsbemühungen in Europa, dem Streit mit Elisabeths Bruder Karl Schwarzenberg, dem Außenminister in Prag. Rüdiger von Pezold ist Rechtsanwalt, er kann sich wehren. Eine Entschädigungsklage für die dreiwöchige Farm-Besetzung ist da ein Kinderspiel.

Die Eltern erzählen auch vom ersten Kontakt mit Afrika. 1984 führte sie die Suche nach einer Farm des Adoptivgroßvaters nach Uganda und dann nach Kenia. Die Farm fanden sie nicht, doch Afrika ließ sie nicht mehr los. Vier Jahre später erwerben sie Forrester Estate. Während wir reden, kracht es immer wieder bedrohlich im Gebälk. Etwas bewegt sich im meterhohen Strohdach. „Da sind immer wieder kleine Tiere", sagt Elisabeth von Pezold. Der Schweizer Botschafter, ergänzt ihr Mann und nimmt wieder einen Zug aus seiner Pfeife, sei da, wo ich jetzt sitze, einmal kreischend aufgesprungen, weil ihm eine Ratte direkt in den Schoß gefallen sei. „Ja, das Haus ist alt", sagt er lachend. Sohn Heinrich errichtet für seine Familie gerade ein neues. Ein spektakuläres Projekt mitten im Fels, das wir am nächsten Tag ansehen wollen.

Die Intellektuellen und die schwarze Mittelschicht waren das wahre Ziel Mugabes, sagt Heinrich von Pezold, er selbst hat in Oxford Geschichte und später Volkswirtschaft studiert. Mit ihrem Exodus habe er erreicht, was er wollte. „Denn das waren natürlich oppositionelle, kritische Geister." Auf 15 Prozent der Wählerschaft schätzt Martin Meredith, britischer Historiker und Afrika-Experte, in seiner Mugabe-Biografie diese Schicht. Mugabes Beteuerungen, alles werde gut, wenn nur erst die Weißen nicht mehr wären, hat sich in Luft aufgelöst. Doch mit Schwarz-Weiß habe die Jagd auf die weißen Farmer ohnehin nie etwas zu tun gehabt, sagt der Großgrundbesitzer. Mugabe brauchte bloß Sündenböcke, um seinen Machterhalt zu sichern. Auch er sei manchmal müde, sagt Heinrich von Pezold. Ja, natürlich habe er oft überlegt, mit Simbabwe Schluss zu machen.

Warum er es nicht getan hat, wird spätestens mit den ersten warmen Sonnenstrahlen des neuen Tages klar. Nach 20 Minuten Autofahrt erreichen wir die Baustelle, auf der das neue

Haus entsteht. Auf einem riesigen Granitbrocken, 50 Meter über einem künstlichen Damm, thront eine überdimensionierte Plattform. Darauf wird nach Plänen eines renommierten britischen Architekturbüros das große, luftige Gebäude mit 1500 Quadratmetern Wohnfläche errichtet. Der Blick hinunter auf den tiefblauen Stausee und hinaus in die Landschaft flößt Ehrfurcht ein. Über die Plattform wird sich ein großes Dach spannen, das den Innenraum schattig, aber offen lässt, erklärt Heinrich von Pezold. Stolz und selbstbewusst blickt er in die Ferne. Ein natürlicher Pool neben der Plattform ist fertig. Im Fels wird das Wasser aufgefangen, bevor es weiter in die Tiefe stürzt.

„Und das Nette ist", sagt er, als wir wieder ins Auto steigen, „bisher hat das alles gar nichts gekostet." Die Hyperinflation in Simbabwe hat schließlich nicht nur die Ersparnisse geschluckt, sondern auch die Schulden. „Jedes T-Shirt, das jemand am Leib trägt, jedes Auto, das jemand fährt, gehört ihm auch. Für meinen Millionen-Kredit", sagt Heinrich von Pezold, „habe ich genau 28 Dollar zurückbezahlt." Eine kleine Genugtuung, die Freude mache. „Wenn man Angst vor der Zukunft hat, baut man kein solches Haus", sagt der Gutsherr. Er hofft, dass der greise Diktator mitsamt seiner raffgierigen Clique bald Geschichte ist. Allein, so viel steht fest, ist er mit dieser Hoffnung nicht.

*Südafrika*

# Neue Helden braucht das Land

## Afrika nach Mandela

Der Anfang war nicht gerade erfolgversprechend. „Kein guter Zeitpunkt“, hieß es da im ersten Mail aus Johannesburg, man wolle „keine Störungen“ und überdies gestatte man „Journalisten keinen Zutritt zum Campus“. Das verhieß nichts Gutes. Doch nun ist alles anders. Die „African Leadership Academy“ ist bereit, mich zu empfangen und schickt auch gleich die Wegbeschreibung: „Fahren Sie die N1 bis zur Westumfahrung, dort auf die Bayers Naude, Richtung Nordwest Honeydew und N14. (Wenn Sie die N14 erreichen, sind Sie zu weit) Nach etwa 6 Kilometern gerade weiter über die Kreuzung Bayers Naude und Northumberland. Bleiben Sie auf der Bayers Naude bis zur zweiten Kreuzung (rechts ist ein Ferreras-Magazin). Dort biegen Sie in die Juice Street. Am Fuß des Hügels rechts (das ist die erste Möglichkeit rechts). Die Schule ist auf Ihrer linken Seite. (Sie sehen zuerst das Fußballfeld und die grünen Dächer) Wenn Sie sich verfahren, zögern Sie nicht, mich anzurufen. Bis morgen.“

Eine halbe Stunde Fahrzeit, schätzt eine Freundin. Das fällt für sie in die Kategorie „nicht weit“. Vorausgesetzt natürlich, „es ist kein Verkehr“. Doch wann ist in Johannesburg, einem Moloch mit knapp vier Millionen, kein Verkehr? Also bitte ich Koso, mich eine Stunde vor dem Termin aus Melville abzuholen. Koso ist ein verlässlicher Fahrer, er kommt aus dem benachbarten Simbabwe. Simbabwer gelten gemeinhin als gebildet, tüchtig und zuvorkommend. Deshalb werden die Flüchtlinge aus dem finsteren Reich Mugabes von vielen Südafrikanern auch mit Missgunst beäugt. Jobs sind auch im

Wirtschaftsmotorland Südafrika rar, fast drei Millionen Flüchtlinge aus Simbabwe sind eine schwere Belastung. Dazu kommen Millionen aus den anderen Ländern Afrikas. Südafrika ist gemessen an seiner Einwohnerzahl das größte Einwanderungsland weltweit.

Doch Tüchtigkeit hin oder her, Koso kommt nicht. Er stecke im Stau, sei aber in 20 Minuten da, sagt er bei meinem ersten freundlichen Anruf am Morgen. Gut, denke ich, dass ich ihn so früh bestellt habe. Also zurück ins Haus. Hier zu warten, mitten auf der menschenleeren Straße, macht ja doch keinen Sinn. Doch das kleine rote Lämpchen, ganz hinten in der Einfahrt, leuchtet bedrohlich. Zunächst muss also die Alarmanlage wieder ausgeschaltet, der Knopf mit dem Schlosssymbol gedrückt werden, oder war es doch der mit dem gehenden Männchen? Dann der grüne Knopf für das schwarze Gittertor. Schnell hinein, auf „Schließen" drücken und geduldig warten, bis das schwere Eisentor behäbig wieder zufällt. Dann erst kann die Haustüre aufgesperrt werden.

Er sei jetzt schon ganz in der Nähe, sagt Koso 20 Minuten später. Abermals stehe ich auf der breiten Straße. Die sanfte, klare Herbstsonne streicht warm und versöhnlich über die Haut. Alle Türen sind abgeschlossen, die Alarmanlage ist wieder auf Rot. Doch es kommt kein Auto. Es ist ruhig in den vornehmen Wohngegenden der „Welthauptstadt der Kriminalität". Nur ein einsamer weißer Jogger läuft vorüber. Die Häuser verstecken sich hinter den ausladenden, alten Bäumen, als seien sie gar nicht da. „Armed Response" prangt am Gittertor, so wie an fast allen Hauseinfahrten in Johannesburg. „Nur noch einige Minuten." „Bin ums Eck." „Biege gerade in die 5th Street", ich kann es nicht glauben. Der Termin in der Schule beginnt, als ich endlich ins Auto steige. Eine Stunde zu spät.

Die Wegbeschreibung funktioniert hervorragend. Bis zur Juice Street. Dann irren wir im Kreis. Oder Koso brütet mit einem hilfsbereiten Anrainer über einer Straßenkarte, die sie auf der Motorhaube ausgebreitet haben. Die „African Leadership Academy“ ist die wohl elitärste Schule auf dem Kontinent. „Developing the next generation of African Leaders“, lautet das Motto. Hier werden die künftigen Mandelas ausgebildet, die nächste Generation afrikanischer Führungspersönlichkeiten. Und ich komme eine Stunde zu spät.

Doch sie seien „ganz sicher nicht böse“, versichern meine beiden Gesprächspartner freundlich. Sie werden beide Eddy genannt. Beide sind Absolventen des Jahrgangs 2008, dem ersten seit der Gründung der „African Leadership Academy“. Die vergangenen Tage hatten sie am afrikanischen Weltwirtschaftsforum in Kapstadt teilgenommen, deshalb sind sie jetzt zu Besuch in ihrer alten Schule am Stadtrand von Jo’burg. Eddy reicht mir freundlich die Hand. Er ist 20 und kommt aus Kenia. Bei Edward, wie der andere Eddy eigentlich heißt, ist das schwieriger. Seine dünnen, verkrüppelten Hände ruhen auf den Schaltknöpfen, mit denen er seinen Rollstuhl betätigt. Heben kann er sie nicht.

Edward Ndopu, geboren in Namibia und aufgewachsen in Südafrika, hat Muskelschwund. Spinale Muskelatrophie, eine schwere Erbkrankheit. Der Kopf wirkt zu groß für den schwachen Körper. Bei seiner Geburt gaben ihm die Ärzte keine fünf Jahre. Heute ist er 20 und studiert an der renommierten Carleton-Universität in Ottawa. Als erster behinderter Afrikaner in Kanada, versteht sich. Edward Ndopu ist glühender Behindertenrechtsaktivist, er hält Vorträge und schreibt sein erstes Buch. „Ich bin Mitglied der größten Minderheit der Welt“, sagt Edward routiniert, „einer Minderheit von 700 Millionen Behinderten.“ Das seien zehn Prozent der Weltbevölkerung. Der junge Mann wirkt keck und freundlich mit seinem breiten Lächeln und den abstehenden Ohren. Sein Ziel sei eine „Behinderten-Befreiungsbewegung“, sagt er. Der wichtigste Fokus aber sei die Bildung. Ein Wort, bei dem seine Augen zu leuchten beginnen. „80 Prozent der Behinderten leben in Entwicklungsländern, für sie ist Schulbildung meist unerreichbar“, sagt Edward. Seine Stimme hat einen leicht befremdlichen, metallischen Klang. „Zwischen 90 und 98 Prozent besuchen niemals im Leben eine Schule“, sagt er leidenschaftlich, „da herrscht eine monströse Gleichgültigkeit.“

Wir sitzen in einem kleinen, fast leeren Aufenthaltsraum. Vieles in dem nüchternen Backsteinbau, der bis vor Kurzem als Verlagshaus gedient hat, sei noch provisorisch, entschuldigt sich der Kommunikationsbeauftragte Stephen Parks. Vor drei Jahren erst ist die „African Leadership Academy“ eröffnet worden. Ein visionäres Projekt, das 2004 von einem jungen Ghanaer, einem Amerikaner und einem Deutschen entwickelt wurde. Gut 30.000 US-Dollar kostet ein Studienplatz pro Jahr. 16 Millionen Dollar, heißt es im Merkblatt, haben 850 Einzelpersonen und Organisationen, Philanthropen aus 25 Ländern bisher für die Schule bereitgestellt. Und natürlich hat auch die Wirtschaft Interesse. Mastercard, Credit Suisse, Microsoft, Equity Bank – die Liste der Sponsoren wird laufend länger. Ein Pool für „Head Hunter“ wolle die Academy aber nicht werden, versichert Stephen.

Für jeden Jahrgang bewerben sich an die 3000 Jugendliche zwischen 15 und 19 Jahren. Sie kommen aus fast allen Ländern Afrikas. Nur 100 werden aufgenommen, streng ausgewogen nach Region, nach Geschlechts- und Religionszugehörigkeit. Keine Klasse hat mehr als zwölf Schüler, manche gar nur vier. Nach zwei – bei Sprachproblemen manchmal auch drei – Jahren und gutem Abschluss ermöglicht das enge Netzwerk der

Academy weitere Studien an den wichtigsten Eliteuniversitäten der Welt. Von Yale über Stanford und Princeton bis Harvard. Neben dem Fokus auf „Leadership“, auf dem Erwerb von Führungsqualitäten, liegt der Schwerpunkt der Academy auf dem Studium Afrikas. Jahr für Jahr werden dem Kontinent durch den „Braindrain“, die Abwanderung der Intelligenz und der qualifizierten Arbeitskräfte, Zehntausende Fachkräfte entzogen. Es gibt mehr äthiopische Ärzte in Chicago als in ganz Äthiopien, mehr malawische Krankenschwestern in Manchester als in ganz Malawi, sagt die Weltgesundheitsorganisation. Die reiche Oberschicht in fast allen afrikanischen Staaten, die etwas auf sich hält – Politiker, Funktionäre und Firmenbosse –, schickt ihre Kinder selbstverständlich immer noch nach Europa zum Studium. „Wir geben alles, was wir können“, sagt Stephen Parks. „Was wir aber dafür erwarten, ist ein Jahrzehnt für den Kontinent.“ Die freiwillige Selbstverpflichtung, nach dem Abschluss mindestens zehn Jahre lang in und für Afrika tätig zu sein.

Eddy will aber ohnehin nicht weg. Denn Eddy hat Glück gehabt in Afrika. Die Lebensgeschichte des Kenianers gleicht einem Märchen. Geboren wird er am Rand von Nairobi, in Kibera, dem größten Slum Afrikas. In Kibera ist der Alltag besonders hart, das Überleben besonders schwierig. Deshalb zieht die Familie mit neun Kindern ins Dorf der Mutter zurück. Als sie stirbt, ist Eddy 13. Der Vater ist krank, Eddy muss sich um die jüngeren Geschwister kümmern. Er beendet die Schule, geht in die nahegelegene kleine Stadt, um mit einfachen Hilfsdiensten Geld zu machen. Einige Jahre lang lebt er mit anderen auf der Straße. „Ich war ein Straßenkind“, sagt Eddy. „Doch das habe ich meinem Vater nie erzählt“, fügt er hinzu und grinst. Als er eines Tages die Scheiben eines Autos wäscht, fragt der aufgeweckte Junge den Fahrer, warum er ihm denn nicht das Autofahren beibringe, anstatt ihn hier putzen zu lassen. Der

Mann, „ein Muslim", sagt Eddy, beginnt sich um ihn zu kümmern und bringt ihn schließlich zurück zur Schule. Es war eine schöne Zeit. Als der Mann plötzlich stirbt, bricht eine Welt zusammen. Und wieder war es aus mit dem Unterricht.

Eddy geht ins Dorf zurück. „Ich war immer gut im Schreiben von Geschichten", sagt er. „Im Dorf fing ich an, den talentiertesten Kindern Theaterspielen beizubringen. Mit einer kleinen Gruppe gingen wir zum Markt und führten unsere Stücke auf. Damit verdienten wir ein wenig Geld." Am Ende ist die Clique so bekannt, dass sie auch in den umliegenden Orten engagiert wird. Die Stücke, die Eddy schreibt, handeln von den sozialen Problemen im Dorf, von den Gefahren durch HIV/Aids, von Hochzeiten und Scheidungen – und von seinem eigenen Leben. „Einmal führten wir ein Stück auf, in dem ein unterprivilegierter Junge aus einem Slum einen großen Traum hat. Er will Präsident Kenias werden. Ich war der Hauptdarsteller und ein Großteil der Story war autobiografisch. Doch das wusste außer mir niemand", sagt Eddy verschmitzt. Wieder fällt er einem Menschen besonders auf. Diesmal ist es eine Frau. Sie überzeugt ihn, die Schule zu beenden. Obwohl das Schuljahr längt begonnen hat, wird er aufgenommen und schließt nur vier Monate später als zweitbester Schüler im Bezirk ab. Damals hört er erstmals von der ALA, der „African Leadership Academy". „Es hat richtig ‚klick' gemacht", sagt Eddy und schnalzt schnippisch mit den Fingern. „Ich wusste sofort: Das ist es, was ich machen möchte." Eddy klemmt sich dahinter. Er schafft die Aufnahmeprüfung und wird am Ende einer der ersten Absolventen.

Als Anfang 2008 in seiner Heimat Kenia politische Unruhen ausbrechen und er mit eigenen Augen sieht, wie Menschen aufeinander losgehen und sich umbringen, gründet er mit einer Handvoll älterer Slumkinder die „White Fingers Peace Initiative", die Friedensinitiative der Weißen Finger.

„Mir wurde klar, dass es vorwiegend die armen Jugendlichen waren, die in Kibera und anderen Slums besonders leidenschaftlich und blutig für ihren jeweiligen Kandidaten kämpften. Die Reichen saßen in den noblen Vororten wie Karen oder Westland gemütlich vor dem Fernsehschirm, genossen ihr Abendessen und verfolgten die Ausschreitungen auf CNN." Diese Leidenschaft und die Kraft der Unzufriedenen galt es umzuleiten, sagt Eddy. Es gelang ihm gemeinsam mit der Gruppe, winzige Wirtschaftsprojekte zu erarbeiten. Dank der Academy gewann er Sponsoren. Später fanden sich weitere Projektgruppen unterprivilegierter Jugendlicher zusammen. Die Initiative wuchs. Mittlerweile hat der Präsident von Mosambik den Ehrenvorsitz übernommen. „Die ‚Weißen Finger' haben 200.000 Mitglieder", behauptet Eddy stolz. Überprüfen lässt sich das freilich nicht.

Die grundsätzlichen Probleme in seiner Heimat, die ungerechte Landverteilung und die daraus resultierenden Spannungen zwischen den Volksgruppen seien erst durch den Gewaltausbruch nach der Wahl wirklich sichtbar geworden, sagt Eddy. Eine Revolution wie in Nordafrika hält er vor den nächsten Wahlen auch in Kenia für möglich, „sollte die Politik die Grundprobleme nicht in den Griff bekommen". Eddy trägt ein schwarzes T-Shirt. Darauf prangt dezent das Logo seiner Friedensinitiative. Zwei Finger. Weiß, unschuldig und unblutig.

Mittlerweile haben wir den tristen Aufenthaltsraum verlassen, spazieren den schmalen hellen Gehweg entlang, der um ein großes Geviert in der Mitte des Hofs führt. Auf dem sauber gemähten Rasen sitzen Gruppen von Studierenden unter den Bäumen und unterhalten sich. Die Atmosphäre wirkt locker und entspannt, doch der Schein trügt. Hier herrscht eiserne Disziplin. Wer gegen den strengen Verhaltenskodex verstößt, dem droht der Rausschmiss.

Eddy ist nicht groß, aber kräftig. Immer wieder packt er zu, um seinem Freund im Rollstuhl dezent behilflich zu sein. Die Academy schweißt zusammen. Die Absolventen profitieren nicht nur vom elitären Netzwerk der Schule, nach dem Abschluss bilden sie untereinander sogleich eigene. Manche kommen nach dem Universitätsstudium für ein, zwei Jahre als unterstützende Lehrkräfte auf den Campus zurück. Nur wenig älter als die Schüler eignen sie sich als role models besonders gut, sagt Kommunikationschef Stephen Parks. Edward wird in seinem Rollstuhl von Kollegen und Lehrern, die unseren Weg kreuzen, besonders herzlich gegrüßt. Mit einer fülligen Lehrerin aus Ghana knipsen wir Fotos. Junge Menschen aus 33 Staaten seien dieses Jahr hier, sagt sie. „Wir sind zu zehnt", brüstet sich stolz ein fröhlicher, junger Mann aus Ägypten. Pan-Afrikanismus gehört zu den wichtigsten Grundsätzen der Academy. Die „African Studies" sind das Herz der Ausbildung.

6000 herausragende afrikanische Persönlichkeiten will die Academy in den kommenden 50 Jahren ausbilden. Sie sollen den Kontinent verändern, wie Nelson Mandela das getan hat. Oder Ellen Johnson-Sirleaf in Liberia. Sie wurde Ende 2005 als erste Frau in der Geschichte Afrikas als Staatspräsidentin vereidigt. Ein kleines Wunder. Noch wenige Monate davor glaubte in dem vom Bürgerkrieg zerstörten Land im Westen Afrikas kaum jemand an ihren Sieg. War doch der Gegenkandidat ein weltbekannter liberianischer Fußballstar. Als Feministin hätte sich die ehemalige Mitarbeiterin bei der Weltbank nie gesehen, erzählte sie damals im ORF-Gespräch. Auf Afrikas Frauen habe sie aber immer gesetzt. Es war eine besonders freundliche Begegnung. Als ich Ellen Johnson-Sirleafs Haus in Monrovia spät abends verließ, äußerte ich augenzwinkernd die Hoffnung, dereinst über einen glanzvollen Staatsbesuch der ersten Präsidentin Afrikas in der Hofburg in Wien berichten zu dürfen. Wir lachten beide. Ich zumindest glaubte nicht im Geringsten daran, dass sie es in diesem völlig verwüsteten Land mit seiner unglaublich brutalisierten Machogesellschaft tatsächlich schaffen könnte. „Wir wiesen darauf hin“, schreibt Ellen Johnson-Sirleaf in ihrer vier Jahre später erschienenen Autobiografie über den Wahlkampf in Liberia, „dass dieses Land 150 Jahre lang von Männern geführt worden war – und man sah ja, wohin uns das gebracht hatte.“

Kleine Gruppen großteils männlicher Eliten „stehen im Zentrum der Erfolglosigkeit der meisten afrikanischen Staaten seit der Unabhängigkeit“, schreibt der südafrikanische Journalist und Buchautor William M. Gumede. Die meisten entstammen der gebildeten Klasse der ersten Befreiungsbewegungen auf dem Kontinent. Nach dem Abzug der Kolonialherren bildeten sie eine neue Aristokratie, eine schwarze Oberschicht, die Politik, Wirtschaft und Gesellschaft dominierte. Noch heute schanzen sich ihre Abkömmlinge lukrative Jobs, Verträge und Staatsaufträge zu. Sie lassen sich in elitäreren Staatskarossen chauffieren, leben in geschmacklos-protzigen Villen und glauben, das Volk, das in den Städten zu zwei Dritteln in Slums ohne Wasser und Strom haust, liebt sie. Selbst viele Oppositionsparteien sind bei genauer Betrachtung nur Splittergruppen dieser postkolonialen Eliten. Viel ist über die zügellosen Kleptokraten an der Spitze der elitären Machtzirkel gesagt und geschrieben worden, über die unersättlichen „big men“. Die übermächtigen, großen Männer, die den Staat als Selbstbedienungsladen verstehen und deren oberstes Ziel allein die aberwitzige Bereicherung und der ewige Machterhalt ist.

Lange Jahre waren sie unverzichtbare Verbündete der rivalisierenden Großmächte im Kalten Krieg. Heute werden sie oft als wertvolle Rohstofflieferanten hofiert und gehätschelt. José Eduardo dos Santos in Angola etwa, Teodoro Obiang in Äquatorialguinea oder Robert Mugabe in Simbabwe – sie alle sind seit mehr als 30 Jahren an der Macht. Auf mehr als zwei Jahrzehnte bringen es immerhin Paul Biya in Kamerun, Yoweri Museveni in Uganda und Blais Compaoré in Burkina Faso. Und das sind längst nicht alle. Der schrille Präsident Yahya Jammeh im winzigen, westafrikanischen Gambia, der behauptet, er könne Aids und Asthma durch Handauflegen heilen, will sich demnächst gleich zum König krönen lassen.

Häufig setzen die politischen Eliten und Parteien im Machtpoker bewusst die ethnische Karte ein, um an der Spitze zu bleiben. Sie unterstützen die eigene Volksgruppe und spielen andere gegeneinander aus. In Kenia etwa regierte Jomo Kenyatta, der erste Präsident nach der Unabhängigkeit, fast ausschließlich mit Hilfe der Kikuyu. Mit explosiven Folgen bis heute. „Viele Menschen glauben, an ihren Problemen sei die Tatsache schuld, dass sie der ‚falschen Ethnie' angehören", schreibt William Gumede. „Anstatt die Misere ihren schlechten Politikern oder Regierungen anzulasten, egal welcher ethnischen Zugehörigkeit."

Wir haben auf unserem Rundgang durch die Academy die Bibliothek erreicht, eine große, nüchterne Halle. Schüler sind keine da, sie schreiben ja in diesen Tagen ihre Prüfungen. Hoch oben auf einer der Ziegelwände prangt ein Poster mit einem Spruch der US-amerikanischen Anthropologin Margaret Mead. „Unterschätze nie, was eine kleine Gruppe engagierter Menschen tun kann, um die Welt zu verändern. Tatsächlich ist das das Einzige, was je etwas bewirkt hat." Daneben lächelt weise Friedensnobelpreisträger Desmond Tutu.

Dass der Jugend eine besondere Rolle zukommt, betont die Academy in all ihren Veröffentlichungen. Schließlich war Bill Gates 19, als er Microsoft gründete, Steve Jobs startete Apple mit 21, WikiLeaks-Aushängeschild Julian Assange begann seine Karriere als Hacker mit 16, und Nelson Mandela war 26, als er der Befreiungsbewegung ANC beitrat und gemeinsam mit Walter Sisulu die ANC-Jugendliga gründete. Gut jeder zweite Bewohner Afrikas ist heute zwischen 15 und 24 Jahre jung. Südlich der Sahara ist die Hälfte der Bewohner gar unter 15. 2015 wird der Jugendanteil auf dem Kontinent 75 Prozent betragen. Diese Jugend hat mit den postkolonialen Befreiungsbewegungen immer weniger am Hut. Der Respekt schwindet. Aber auch die Angst. Die langsam wachsende junge, städtische Mittelschicht hat es satt, panisch zur Seite zu springen, wenn der Konvoi mit den schwarzen Staatskarossen des Präsidenten im Anrollen ist. „Wir müssen uns wirtschaftlich selbstständig machen", sagt Eddy. „Solange wir von ihnen abhängig sind, werden sie immer von uns verlangen, dass wir ihr Lied anstimmen, anstatt unseres."

Doch „von welcher Jugend reden wir überhaupt?", fragt Edward nun, die sei ja doch sehr inhomogen. Selbst hier in der Academy gebe es unterschiedliche Zugänge, die politischen Verhältnisse zu ändern, meint auch Stephen Parks. „Die einen wollen Bildungsminister werden oder vielleicht Innenministerin, sie sehen also die Antwort in der Kooperation mit den Mächtigen. Die anderen sehen die Antwort darin, die Macht zu ignorieren. Sie wollen ihre Projekte möglichst autonom durchziehen. Und wieder andere sehen die Antwort darin, die Macht zu untergraben. Sie sagen, die politische Klasse müsse abtreten und die bestehende Ordnung zerschlagen werden, bevor etwas Neues entstehen kann."

Edward glaubt an Letzteres. Mit seiner südafrikanischen Heimat geht er hart ins Gericht. „Schauen Sie sich doch die Ungleichheit an. Die Lage ist kaum besser geworden." Eine Klage, die man nach der Fußball-WM oft zu hören bekommt. Die Jugend ist unzufrieden, die Hälfte ist arbeitslos. Und noch schlimmer: Die ökonomische Apartheid macht auch bei der

Jungendarbeitslosigkeit nicht Halt. 57 Prozent der Schwarzen haben keinen Job, bei den Weißen sind es nur 21 Prozent. „Mandelas Job ist nur halb getan", sagt Edward.

Ein trauriger Befund. Nachdenklich schlendern Eddy und ich neben dem Rollstuhl über den Gehweg. Langsam heißt es Abschied nehmen. „Also wovon träumt ihr?", frage ich etwas bedrückt. „Wie wird es mit dem Kontinent weitergehen?" Die Antworten kommen umgehend, wie ein lange eingeübter Refrain. „Ich träume von einem Kontinent, der friedlich ist und blühend", sagt Eddy. „Ich träume von einem Kontinent, in dem jeder Mensch gleich viel wert ist", sagt Edward. „Doch das sind keine Träume", fügt Eddy noch schnell hinzu und wirkt sogleich wieder übermütig jung und fröhlich, „das wird alles wahr."

Draußen wartet Koso. Auch er ist guter Dinge. Von meinen morgendlichen Wutausbrüchen wegen der Verspätung haben wir uns beide erholt. Er würde mir zur Wiedergutmachung am kommenden Tag gerne eine Gratisfahrt zum Mandela-Haus nach Soweto anbieten, nachdem er seine Kinder in die Schule gebracht hat. Versöhnt und zufrieden nehme ich an.

Am Abend treffe ich in der 7th Street im schicken Melville meine südafrikanische Bekannte. Wir bestellen zwei Gläser Weißwein. Im Hintergrund läuft Bob Dylan. Begeistert erzähle ich ihr von der Leadership Academy und den beiden jungen Eddys. Sie hört aufmerksam zu. Dann fragt sie nüchtern: „Und wer sagt dir, dass die wirklich anders werden und nicht so korrupt wie alle anderen?" Die Frage ist ernüchternd. „Niemand sagt mir das", gebe ich leise zurück. „Niemand. Ich hoffe es nur."

# Dank

Selbstverständlich gilt mein Dank zunächst dem ORF, der viele meiner wichtigsten Reisen nach Afrika ermöglicht hat. Allerdings wären sie schlicht zu kurz und zu selten, um der Komplexität dieses vielfältigen Kontinents auch nur annähernd gerecht zu werden. Deshalb danke ich vor allem auch jenen unzähligen Menschen, die mir auf meinen privaten Reisen geholfen, mich aufgenommen und aufgemuntert haben. Den vielen Bewohnern afrikanischer Städte und Dörfer, denen es Tag für Tag gelingt, durch ihre Herzlichkeit, ihre Fröhlichkeit und menschliche Wärme unendlich glückliche Momente zu schenken. Besonders danke ich meinen lieben Freundinnen in Afrika, allen voran Ellen Goerlich in Uganda. Und auch Connie Schmid in Ruanda, Regine Hess in Kenia und Michelle Faul in Südafrika.

Ich danke den Journalistenkollegen Bartholomäus Grill und Dominic Johnson von „DIE ZEIT“ und der „taz“, die ich beide nicht persönlich kenne, aus deren Berichterstattung ich jedoch über die Jahre viel gelernt habe.

Ich danke meinen Freundinnen in Wien und Graz, die mir Mut zugesprochen haben. Und natürlich besonders meinem Mann, Peter Klein, ohne den ohnehin rein gar nichts möglich wäre.

# Weiterführende Literatur


## Afrika allgemein

Dowden, Richard: Africa. Altered States, Ordinary Miracles. Portobello Books, London 2008

Grill, Bartholomäus: Ach, Afrika. Berichte aus dem Inneren eines Kontinents. Siedler Verlag, Berlin 2003

Kapuściński, Ryszard: Afrikanisches Fieber. Erfahrungen aus vierzig Jahren. Eichborn Verlag, Franfurt a. M. 1999

Lindqvist, Sven: Durch das Herz der Finsternis. Campus Verlag, Frankfurt a. M. 1999

Meredith, Martin: The State of Africa. A History of Fifty Years of Independence. Simon & Schuster UK, London 2005

Reader, John: Africa. A Biography of the Continent. Penguin Books, London 1998

## Senegal

Gatti, Fabrizio: Bilal. Als Illegaler auf dem Weg nach Europa. Verlag Antje Kunstmann, München 2011

## Kindersoldaten

Iweala, Uzodinma: Beasts of No Nation. HarperCollins, New York 2005

Jagielski, Wojciech: Wanderer der Nacht. Eine literarische Reportage. Transit Buchverlag, Berlin 2010

## Liberia

Johnson-Sirleaf, Ellen: Mein Leben für Liberia. Die erste Präsidentin Afrikas erzählt. Krüger Verlag, Frankfurt a. M. 2009

## Mali

Caillié, René: Reise nach Timbuktu 1824–1828, Edition Erdmann, Tübingen 2006

Lauber, Wolfgang (Hrsg.): Architektur der Dogon. Traditioneller Lehmbau und Kunst in Mali. Prestel Verlag, München/New York 1998

Parin, Paul; Morgenthaler, Fritz; Parin-Matthéy, Goldy (Hrsg.): Die Weißen denken zuviel. Psychoanalytische Untersuchungen bei den Dogon in Westafrika. Atlantis Verlag, Zürich 1963, 3. Auflage1983

## Botswana

McCall Smith, Alexander: Tea Time for the Traditionally Built. Little, Brown Book Group, London 2010

Williams, Susan: Colour Bar. The Triumph of Seretse Khama and his Nation. Penguin Books, London 2006

## Ruanda

Dallaire, Roméo: Handschlag mit dem Teufel. Die Mitschuld der Weltgemeinschaft am Völkermord in Ruanda. zu Klampen Verlag, Springe 2008

Des Forges, Alison: Kein Zeuge darf überleben. Der Genozid in Ruanda. Hamburger Edition, Hamburg 2002

Polman, Linda: Die Mitleidsindustrie. Hinter den Kulissen internationaler Hilfsorganisationen. Campus Verlag, Frankfurt a. M. 2010

Prunier, Gérard: The Rwanda Crisis. History of a Genocide. C. Hurst & Co, London 1995

Thompson, Allan (Hrsg.): The Media and the Rwanda Genocide. Mit einem Kommentar von Kofi Annan. Pluto Press, London 2007

## Kenia

Hofmann, Corinne: Die weiße Massai. Knaur, München 2002

Maurer, Elke Regina: Fremdes im Blick, am Ort des Eigenen. Eine Rezeptionsanalyse von „Die weiße Massai". Centaurus Verlag, Freiburg 2010

Morton, Christopher; Grover, Philip N. (Hrsg.): Wilfred Thesiger in Africa. HarperPress 2010

Pavitt, Nigel: Samburu. Foreword by Wilfred Thesiger. Kyle Cathie, London 2006

Wrong, Michela: It's our Turn to Eat. The Story of a Kenyan Whistle Blower. Forth Estate, London 2009

## Sudan

Baaijens, Arita: Wüstennomaden. Als Frau mit Kamelen durch den Sudan. Malik Verlag, München 2005

Churchill, Winston S.: Kreuzzug gegen das Reich des Mahdi. Eichborn Verlag, Frankfurt a. M. 2008

Nazer, Mende; Lewis, Damien: Slave. The true Story of a Girl's lost Childhood and her Fight for Suvival. Virago Press, London 2004

Slatin Pascha, Rudolph: Feuer und Schwert im Sudan. Edition Erdmann, Stuttgart 1997

Thielke, Thilo: Krieg im Lande des Mahdi. Darfur und der Zerfall des Sudan. Magnus Verlag, Essen 2006
Vogelsberger, Hartwig A.: Slatin Pascha. Zwischen Wüstensand und Königskronen. Verlag Styria, Graz u. a. 1992

## Eritrea

Wrong, Michela: I didn't do it for you. How the World used and abused a small African nation. Harper Perennial, London u. a. 2005

## Simbabwe

Hill, Geoff: The Battle for Zimbabwe. The Final Countdown. Zebra Press, Kapstadt 2003
Meredith, Martin: Mugabe, Power, Plunder and the Struggle for Zimbabwe. Johnathan Ball Publishers, Johannesburg 2009
Rogers, Douglas: The Last Resort. A Memoir of Mischief and Mayhem on a Familiy Farm in Africa, Three Rivers Press, New York 2010

## Südafrika

Bridgland, Fred: Katiza's Journey. Beneath the Surface of South Africa's Shame, Macmillan Publishers, London 1997
Callinicos, Luli: The world that made Mandela. A Heritage Trail. STE Publishers, Johannesburg 1999
Du Preez, Max: Pale Native. Memories of a Renegade Reporter. Zebra Press, Kapstadt 2003
Gordin, Jeremy: Zuma. A Biography. Jonathan Ball Publishers, Johannesburg/Kapstadt 2008
Gumede, William Mervin: The Democracy Gap. Africa's Wasted Years. Zed Books, aus „BBC – Focus on Africa" No 22
Mandela, Nelson: Long Walk to Freedom. Macdonald Purnell, Randburg (Südafrika) 1995
Meredith, Martin: Nelson Mandela. Ein Leben für Frieden und Freiheit. Lichtenberg Verlag, München 1998
Meredith, Martin: Diamonds, Gold and War. The Making of South Africa. Simon & Schuster UK, London 2007
Pauw, Jacques: Into the Heart of Darkness. Confessions of Apartheid's Assassins. Jonathan Ball Publishers, Johannesburg 1997
Sachs, Albie: The Soft Vengeance of a Freedom Fighter. David Philip Publishers, Kapstadt 1990, 2000